创新与启示

赣南等原中央苏区革命文物保护利用实践

国家文物局 编

文物出版社

图书在版编目（CIP）数据

创新与启示：赣南等原中央苏区革命文物保护利用
实践/国家文物局编著. — 北京：文物出版社，2019.10
ISBN 978-7-5010-6011-5

Ⅰ.①创… Ⅱ.①国… Ⅲ.①革命文物－文物保护－案
例－赣南地区 Ⅳ.① K871.6

中国版本图书馆 CIP 数据核字（2019）第 005580 号

创新与启示

赣南等原中央苏区革命文物保护利用实践

编　　者：国家文物局

责任编辑：孙漪娜　王霄凡
封面设计：李方磊
图片摄影：宋　朝
责任印制：张道奇

出版发行：文物出版社
地　　址：北京市东直门内北小街2号楼
邮　　编：100007
网　　址：http：//www.wenwu.com
邮　　箱：web@wenwu.com
经　　销：新华书店
印　　刷：北京京都六环印刷厂
开　　本：787mm×1092mm　1/16
印　　张：12.25
版　　次：2019年10月第1版
印　　次：2019年10月第1次印刷
书　　号：ISBN 978-7-5010-6011-5
定　　价：148.00元

党的十八大以来，习近平总书记站在弘扬革命传统、继承革命文化的战略高度，就革命文物保护发表了系列重要论述、作出了系列重要指示，明确指出革命文物应当受到严格保护，讲好革命故事，弘扬革命精神，传承红色基因。

为贯彻落实《国务院关于支持赣南等原中央苏区振兴发展的若干意见》，国家文物局、财政部支持江西实施了赣南等原中央苏区革命遗址保护利用工程，取得了改善革命文物保护状况、助力脱贫攻坚的积极成效，积累了不少好做法好经验。

2018 年，中共中央办公厅、国务院办公厅印发了《关于实施革命文物保护利用工程（2018–2022 年）的意见》。为深入贯彻落实中央部署，在认真总结赣南等原中央苏区革命文物保护利用实践经验的基础上，国家文物局组织编辑出版本书，旨在供各地在实际工作中参考借鉴，不断加强革命文物保护利用，推动革命文物资源在新时代绽放新光彩、贡献新力量，为中华人民共和国 70 华诞献礼。

前　言

综述篇 | 保护理念…………………………………… 006
　　　　 基本经验…………………………………… 013

模式篇 | 瑞金模式…………………………………… 036
　　　　 金溪模式…………………………………… 049
　　　　 宁都模式…………………………………… 058
　　　　 青原模式…………………………………… 067

经验篇 | 保护维修…………………………………… 084
　　　　 管理监督…………………………………… 104
　　　　 利用展示…………………………………… 132

附　录 | 江西省红色标语普查和保护利用………… 169

后　记

综述篇

赣南，这片神奇的红土地，在土地革命战争时期一直倍受关注。

1927～1937年土地革命战争时期，赣南是中国共产党人革命的中心，星星之火曾经燎原。这里曾是最大最重要的革命根据地——中央苏区的主体和核心区域，农村包围城市、武装夺取政权的伟大实践从这里拉开序幕，中华苏维埃共和国临时中央政府在这里创建，赣南英雄儿女为中国革命作出了重大贡献和巨大牺牲。据统计：当时只有240万人口的赣南苏区，参加红军的有33万余人；江西25万留有姓名的革命烈士中，有17万牺牲在赣南等原中央苏区；长征中平均每公里长眠着3名赣南籍烈士的英魂，可谓"家家有烈士，户户埋忠骨"。毛泽东、周恩来、朱德、刘少奇、任弼时、邓小平、陈云等老一辈无产阶级革命家光辉灿烂的革命实践和战斗历程，培育出了伟大的井冈山精神和苏区精神，也为赣南留下了众多革命史迹。这些重大的历史事件和重要的革命遗址，承载了丰富、鲜活和生动的革命传统和革命精神，是中国共产党和中华民族极其宝贵的精神财富，是培育社会主义核心价值观、凝聚共筑中国梦磅礴力量的深厚滋养。

赣南红色家底深厚，拥有革命遗址2096处、馆藏文物数十万件。由于革命遗址点多面广、财力有限，很长一段时间，赣南革命文物保护的重心集中在全国重点文物保护单位。南方气候潮湿、遗址又多为土木结构，使得不少保护级别较低的遗址损毁严重，有的甚至面临消失的危机。

党中央、国务院高度重视赣南等原中央苏区振兴发展工作，中央领导多次作出重要指示批示。

2011年11月4日，习近平同志在纪念中央革命根据地创建暨中华苏维埃共和国成立80周年座谈会讲话时指出："无论现在和将来，我们都要坚持继承先烈遗志，大力弘扬苏区精神，学习宣传在革命、建设、改革不同历史时期作出卓越贡献的共产党员的先进事迹和崇高精神，使广大党员和干部从中获得精神鼓舞，升华思想境界，陶冶道德情操，完善思想品格，培养浩然正气，牢记'两个务必'，从而更好地经受住执政考验、改革开放考验、市场经济考验、外部环境考验，防止和克服精神懈怠的危险、能力不足的危险、脱离群众的危险、消极腐败的危险，始终保持共产党人的政治本色。"

2016年2月1日，习近平总书记到井冈山革命老区视察，同一天，《关于加大脱贫攻坚力度支持革命老区开发建设的指导意见》发布，对今后5年老区脱贫攻坚提出要求、明确任务并作出部署。

2019年5月，在中华人民共和国成立70周年即将到来之际，习近平

总书记再次赴江西省考察调研，来到中央红军长征集结出发地赣州市于都县，向中央红军长征出发纪念碑敬献花篮。考察途中，习近平总书记多次谈到："这里是中央苏区，是红军长征的出发地。我这次到赣南，就直奔于都来了。我来这里也是想让全国人民都知道，中国共产党不忘初心，全中国人民也要不忘初心，不忘我们的革命宗旨、革命理想，不忘我们的革命前辈、革命先烈，不要忘了我们苏区的父老乡亲们。"

2012年6月28日，国务院颁发了《国务院关于支持赣南等原中央苏区振兴发展的若干意见》，将赣南等原中央苏区振兴发展上升为国家战略。文件中明确提出了"编制赣南等原中央苏区革命遗址保护规划，加大对革命旧居旧址保护和修缮力度"的要求。

2014年3月，国家发改委印发《赣闽粤原中央苏区振兴发展规划》。规划以原中央苏区为核心，统筹考虑有紧密联系的周边县(市、区)发展，规划范围不等同于原中央苏区范围，其中有关江西省规划范围包括:赣州市、

吉安市井冈山红色景区"天下第一山"雕塑

吉安市、新余市全境，抚州市黎川县、广昌县、乐安县、宜黄县、崇仁县、南丰县、南城县、资溪县、金溪县，上饶市广丰县、铅山县、上饶县、横峰县、弋阳县，宜春市袁州区、樟树市，萍乡市安源区、莲花县、芦溪县，鹰潭市余江县、贵溪市。

国家文物局和江西省委省政府对此高度重视，抓住这一机遇，组织力量对赣南革命遗址遗迹深入摸查，遴选出 750 处具有保护利用价值，又便于呈现、集中连片的革命旧居旧址，及时编制完成在全国具有首创意义的《赣南等原中央苏区革命遗址保护规划（2014 ～ 2016 年）》。3 年累计安排资金 10.5 亿元，使一大批革命遗址遗迹得到抢救性保护，重要文物险情基本排除，强力助推了赣南 54 个县的脱贫攻坚工作。

赣南革命文物历史价值高，但保存状况不好，部分遗址损毁严重；文物遗存保护级别高低并存，且存在着革命遗址的点状分布与革命历史线状流动的矛盾。为全面、真实、准确反映历史原貌，江西省牢牢把握弘扬革命传统、传承革命文化这个核心，确立"政治工程、文保工程、惠民工程"定位，跳出重点保护、按保护级别分头投入分类维修的传统做法，大胆创新，创造性地提出了整体保护和保护利用一体化理念，并形成了整体规划与连片保护、严把关口与示范引领、分类管理与统筹展示等可复制的宝贵经验，得到了业内和全社会的广泛关注。

保护理念

一 确立"政治工程、文保工程、惠民工程"定位

政治工程。赣南等原中央苏区孕育了伟大的井冈山精神和苏区精神，赣南等原中央苏区的革命遗址是共产党的根和魂，是传承红色基因、讲好

抚州市乐安县畲村广场上的民俗表演

革命故事最重要的实物载体，具有鲜明的革命性和政治性。同时，革命文化是中国特色社会主义文化的重要源泉和文化自信的重要组成部分，赣南等原中央苏区革命遗址在革命文化中具有独特的地位和作用。因此，江西省首先将赣南等原中央苏区革命遗址保护利用工程定位为政治工程，站在讲政治的高度来实施。

文保工程。革命文物具有鲜明的政治和阶级属性，其纪念意义远高于建筑自身价值，尽管如此，文物仍是其基本属性。江西省坚持文物的基本属性，将赣南等原中央苏区革命遗址保护利用工程定位为文保工程。在工程实施过程中，严格按照《中华人民共和国文物保护法》及相关法律法规的规定和文物保护工程的要求，坚持不改变文物原状、最小干预以及原材料、原工艺、原做法等原则，严格审查工程项目设计、施工、监理单位的相关资质，坚决保障文物保护的质量。

惠民工程。让文物活起来是江西省实施赣南等原中央苏区革命遗址保护利用工程的目的之一。在项目遴选时就明确了项目维修后必须可以利用的原则。在工程实施时，始终坚持保护与利用相结合、社会效益与经济效益双丰收的目标，使维修后的革命文物能够惠及百姓、改善民生，推动当地经济社会发展和乡村振兴，把文保工程变成实实在在的惠民工程。

二　坚持因地制宜、整体打造

在实施赣南等原中央苏区革命遗址保护利用工程的过程中，江西省坚

持因地制宜、整体打造的理念，使革命文物得到充分利用，各地区的独特优势得到充分发挥。

一是坚持革命文物保护利用与周边环境治理整体打造。如果仅对革命文物本体进行维修利用，其效果和影响力都将大打折扣。江西省的做法是保护、利用和环境整治三位一体，同步进行。在维修革命文物的同时，对周边环境、自然景观进行整体打造，通过使用传统材料铺装周围地面、种树种草、清沟疏渠，结合周边山水地形、统筹农作物和果树种植等方式，营造出清新舒适的整体环境。

二是坚持革命文物保护利用与基础设施建设整体打造。江西省的革命

环境治理后的抚州市金溪县竹桥村

文物大多分布在乡村，水、电、路等基础设施普遍较差，严重影响了革命文物宣传、教育等功能的发挥，对此，江西省将革命文物保护利用与基础设施建设同步打造，做到路通、水通、电通、地下管网通。如赣州市宁都县、吉安市青原区等地，坚持革命遗址维修到哪里，水、电、路就通到哪里，环境就治理到哪里。通过实施革命遗址保护工程，宁都县的小布镇、青原区的富田镇等地的乡村环境都得到了改善，经济也有了较明显的发展，成为江西省美丽乡村建设的典范。

三是坚持文物保护利用与理想信念基地建设整体打造。江西省在对革命文物进行维修后，要求各地将革命文物与教育基础建设结合起来，让观众能够通过实物载体以物知史、以物见人。维修后绝大多数革命文物成为中国井冈山干部学院、瑞金干部学院的现场教学点，成为各级爱国主义教育基地、党性锻炼的基地和军民共建基地，也成为国家、省、市、县各级部门进行思想政治教育的示范地。如赣州市瑞金市先后与 50 多个国家部委和几十所高校共建爱国主义教育基地，成为全国拥有爱国主义教育基地和革命传统教育基地最多的地方，吉安市井冈山革命遗址和东固革命旧址群成为爱国主义教育基地。每年前来革命遗址参观瞻仰、接受爱国主义和革命传统教育的干部、学生、群众络绎不绝，革命遗址在进行爱国主义和革命传统教育、构建社会主义核心价值观、增强文化自信等方面的独特作用得到充分发挥。

四是坚持文物保护利用与红色旅游线路整体打造。江西是红色旅游强省，对革命文物进行维修后，许多革命文物被纳入江西省级红色旅游精品线路，还有的被纳入全国红色旅游精品线路。江西全省红色旅游景区多达 242 个、红色旅游线路 87 条，瑞金、吉安东固、井冈山等红色旅游景区被纳入全国红色旅游 30 条精品线路，瑞金叶坪、沙洲坝成为国家 5A 级景区，浮梁县新四军瑶里改编旧址、皖赣苏区程家山旧址,乐平市红十军建军旧址、赣东北革命委员会旧址、方志敏旧居等成功入选 300 处全国红色旅游经典景区。据统计,2016 年江西全省红色旅游景区接待人数 1.43 亿人次,综合收入 1157 亿元;2017 年上半年江西全省红色旅游接待游客 7417.5 万人次,综合收入 661.4 亿元。

五是坚持文物保护利用与惠民工程整体打造。江西省乡村公共文化设施建设相对薄弱,而革命遗址大多属民间宗祠祠堂。各地因地制宜,将维修后的革命文物开辟为农家书屋、群众文化活动室、村史馆、老年人活动室、农民剧团、农村留守儿童中心、村委会办公场所等公共文化活动场所,还有的变成乡村医疗室或成为贫困户和当地居民就业场所。基本做到维修一处利用一处,既丰富了当地群众的休闲娱乐活动,提升了他们的生活质量和幸福指数,又实现了革命文物"在保护中利用、在利用中保护"的目标。

上饶市广丰区横山红十军军部旧址中的农家书屋"明德书院"

已完工的 509 个项目中，有 158 个被利用为村史馆、农家书屋、群众文化活动室等公共文化场所，156 个进行了陈列展示，37 个仍由原住民居住。如赣州市瑞金市中国工农红军学校旧址修复后成为书法美术培训交流展示场所；吉安市青原区东固革命旧址、陂下村诚敬堂等一大批修缮后的革命遗址成为乡村公共文化活动场所；赣州市宁都县小布镇红一方面军交通队旧址，产权人熊天星身患残疾，生活贫困，旧址修缮后，当地政府请他做文物保护员，在旧址门前卖些蜂蜜、小布岩茶等土特产，使革命旧址成为他脱贫致富的依靠。革命遗址成为公共文化活动的主阵地，达到了文化惠民、改善民生的目的，奏响了乡村振兴的进行曲。

六是坚持文物资金与各类资金集中使用整体打造。江西省积极协调和指导相关部门将文物保护维修与古村落保护、红色旅游、美丽乡村建设、小城镇开发等有机融合，整合交通、水利、农业、扶贫等专项资金，全面规划、整体推进，集中打包、综合改造，全面提升村庄基础设施建设水平。

据相关部门估算，文物部门每投入 1 万元文物保护资金，就可带动约 10 万元各类建设资金的投入。要建成一个文物景区，投入少则上亿元，多则十多亿元，光靠文物维修资金远远不够。赣州市瑞金叶坪、沙洲坝，吉安市宁都县小布镇、青原区富田镇、兴国县官田村，抚州市金溪县后龚村等红色景区的建设资金投入都超过亿元，文物维修资金在其中很好地发挥了撬动作用。

基本经验

一 整体规划与连片保护

赣南等中央苏区革命旧址涉及政治、军事、经济、文化、农村、党建、政权建设等方方面面，连结起一部完整的革命斗争史。讲好中央苏区革命

萍乡市莲花县甘祖昌干部学院中的红军桥

萍乡市莲花县一枝枪纪念馆

故事，弘扬苏区精神，必须对中央苏区历史进行深入细致的研究，清晰地把握各个历史事件以及人物之间的内在联系。为此，江西省集中省内高校、党史研究单位和文物部门的专家、学者对中央苏区历史进行系统研究，对中央苏区的发展历程有了较清楚的认识。讲好中央苏区革命故事，弘扬苏区精神，必须完整、系统地保护利用好中央苏区革命文物，而不是只保护部分损毁严重或级别较高的革命文物。中央苏区的故事，是由一处处革命遗址、一个个鲜活的人物、一场场壮烈的战争串联起来的，只有对革命文物实施完整的保护利用，才能有血有肉地复原历史原貌，从而更好地传承苏区精神。基于此，江西省逐步明确《赣南等原中央苏区革命遗址保护规划》（以下简称《规划》）不应是一个简单的项目规划、一个资金需求规划，而是一个以传承苏区精神为目的，包括政治站位、文物保护、惠及民生等内容在内的总体规划。

在编制《规划》的过程中，基于其涵盖的革命遗址分布范围广、数量多、保护级别不同、保存状况不一、产权性质复杂、各遗址内在联系密切等特点，江西省确定了七条编制原则：一是坚持轻重缓急原则，即根据文物的破损程度，按需抢救性维修、急需维修、需要维修三个层次，对革命遗址依次进行修缮。二是坚持完整性原则，即通过维修，完整再现革命遗址整体风貌。三是坚持真实性原则，即通过维修，恢复革命遗址的本体和环境的历史原貌。四是坚持有效保护与合理利用相结合的原则，即在保护的前提下，将革命遗址与红色旅游、城镇化建设和井冈山干部学院现场教学结合起来，通过展示利用，充分发挥革命遗址在进行爱国主义教育和革命传统教育、

萍乡市莲花县甘祖昌干部
学院前的党徽雕塑

上饶市铅山县石塘镇新四军石塘整编纪念馆

党的群众路线教育实践活动、构建社会主义核心价值体系中的重要作用，传承好苏区精神。五是坚持行政主管部门牵头指导、属地管理、分级负责和分步实施的原则。六是坚持把社会效益放在首位的原则，即充分发挥革命遗址资源优势，发展红色旅游，努力做到社会效益与经济效益双赢。七是坚持依法保护、科学实施的原则，即做到规划先行、方案前置、突出重点、示范带动。

《规划》中确立了三个目标：一是用5年的时间，加大对赣南等原中央苏区革命遗址的保护力度，基本建立制度健全、队伍精干、技术领先、基础扎实的赣南等原中央苏区革命遗址保护体系，全面提升革命文物保护、利用和管理水平，充分发挥革命遗址的社会效益和经济效益，促进当地经济社会发展，促进和谐社会建设。二是采取有效措施，基本完成革命遗址的保护维修任务，加强对文物本体的保护维修，加大对文物本体周边环境整治和交通改善的力度，提升文物本体安全消防级别，着力改善革命遗址的保护现状，确保文物的真实性和完整性。三是充分发挥革命遗址合理利用和传承功能，充分挖掘革命遗址的重要价值，不断提高革命遗址的展示利用水平和相关可移动文物保存条件，全面整合红色旅游资源，树立精品意识，充分发挥革命遗址在爱国主义教育和革命传统教育中的重要作用，促进文物资源优势转化为经济优势，使革命遗址保护利用与当地经济社会发展相互促进、相得益彰。

为将规划内容与立项报告顺利实现对接，江西省坚持以革命文物整体保护利用为理念，以全国重点文物保护单位为龙头，根据各文物点历史事件内在的联系，带动相关文物点列入全国重点文物保护单位立项范围，并以此为思路编制立项报告。先后编制了包括瑞金革命遗址、中央红军长征出发地旧址、红四军军部旧址、君埠红一方面军总司令部旧址、井冈山革命遗址、闽浙赣省委机关旧址、湘赣省委机关旧址、兴国革命旧址、寻乌调查旧址、罗坊会议与兴国调查会旧址、中共苏区中央局旧址、东固平民银行旧址、陂头"二七会议"旧址、富田镇诚敬堂等14个全国重点文物保护单位在内的《2014～2016年赣南等原中央苏区革命遗址保护工程立项报告》，并获国家文物局批复。保护工程分3年逐步实施、统筹推进。

由于中央财政资金只补助全国重点文物保护单位，而赣南等原中央苏区革命遗址保护规划中需要保护利用的项目绝大部分不属于全国重点文物保护单位。如何将规划内容与立项报告实现对接，是当时摆在江西省文物局面前的一大难题。经过长时间的考虑和讨论，江西省文物局以整体保护利用为理念，以全国重点文物保护单位为龙头，根据各遗址点所反映的历史事件的内在联系，带动各遗址点列入相关的全国重点文物保护单位立项

抚州市金溪县竹桥村传统建筑

范围，从而解决了这一问题。根据这一思路，江西省文物局组织编制了瑞金革命遗址、中央红军长征出发地旧址、红四军军部旧址、君埠红一方面军总司令部旧址、井冈山革命遗址、闽浙赣省委机关旧址、湘赣省委机关旧址、兴国革命旧址、寻乌调查旧址、罗坊会议与兴国调查会旧址、中共苏区中央局旧址、东固平民银行旧址、陂头"二七会议"旧址、富田镇诚敬堂等一批立项报告并顺利获批。"整体规划与连片保护"这一基本经验后来被国家文物局借鉴并提升为"革命文物保护利用片区"概念。

二 严把关口与示范引领

规划和立项完成后，江西省坚持进度与质量并重，积极做好革命遗址保护工程的实施工作，在项目管理方面积极探索，创造性地提出了严把项目"准入关""进度关""质量关""验收关""管理关""利用关"等六关，并在实践中总结出瑞金革命遗址与红色精品景区建设相结合、赣州宁都革命遗址与特色小镇建设结合、抚州金溪革命遗址与田园风光结合、吉安青原区革命遗址与传统村落结合四种保护利用模式，有力推进了革命文物保护工作。

1. 严把"六关"

严把"准入关"。江西省从讲政治、讲大局的高度充分认识赣南等原中央苏区革命遗址保护利用工作的重大意义，对工程项目严格条件、严格程序，严格把好项目"准入关"。各地上报的项目都在 54 个苏区县范围内，都有当地文化（文物）、党史部门共同出具的革命文物价值评估意见，都有当地文化（文物）部门出具的纳入当地文物保护范畴的意见，都需要维修保护，并能进行利用，确保了入选项目符合"必须是革命遗址、必须有重大价值、必须确需维修、维修后必须能够利用"的要求。所有项目都按程序逐级申报，层层把关。江西省文物局每年对各地上报的项目是否在苏区范围、是否具备当地文物和党史部门意见等方面逐一进行核对，发现问题及时解决。如2015年在核对时，发现有3个项目不在苏区范围内，1个项目没有当地文化（文物）部门和党史部门意见，都及时剔除，不予上报，真正做到了把好苏区项目"准入关"。

严把"进度关"。江西省高度重视赣南等原中央苏区革命遗址保护工程项目的实施工作，一般都成立了政府分管领导牵头、相关部门参与的工程实施领导小组，安排专职人员具体负责工程建设管理，明确时间节点，倒排工期、上下联动、协调配合，建立了沟通顺畅、运转高效的工作机制。项目实施期间，江西省文化厅（文物局）通过工程进度月报制度，日常检查与重点督导、交叉检查相结合，召开调度会等方式，督促指导各地文化（文物）部门严格按有关文件要求及时实施工程项目。同时成立督导组，下设10个督导小组，各督导小组每年都下到分片包干的设区市实地督查工

上饶市弋阳县赣东北省委机关旧址

程项目的实施工作。从 2016 年开始，江西省每年在各地自查的基础上开展设区市之间交叉检查，同时在苏区工程较多的上饶、赣州、吉安、抚州等市召开片区督促调度会，有力地推进了工程项目的实施。对实施进度缓慢的地区采取重点督导、召开协调会、下达督办函、书面通报等方式进行督办。此外，积极鼓励有资质、信誉良好的相关企业来赣参与文保工程方案设计、施工、监理，有效缓解了专业队伍力量不足的问题。

严把"质量关"。按照着力加强工程项目事前、事中、事后三个环节监管的思路，江西省文物局建立健全了工程监管制度，严格落实文物保护工程管理制度，规范程序，严格质量管理和过程监管，切实把好项目质量关。所有项目都严格按照批复的维修方案、按照不改变文物原状的原则和原工艺、原材料等要求进行施工。施工单位项目负责人和监理单位监理人员长驻工地，对隐蔽工程、施工工艺、施工材料等严格监理。业主单位和上级文化（文物）部门加强日常检查和集中督导，发现问题及时整改。通过各种有效措施，使革命遗址保护利用工程真正成为"民心工程""廉洁工程"和"放心工程"。

抚州市金溪县竹桥村文隆公祠远景

严把"验收关"。项目竣工后,江西省文化厅(文物局)按照有关文件的规定,下发了《关于切实做好全国重点文物保护单位文物保护工程竣工验收工作的通知》,委托项目所在地设区市文化(文物)部门组织竣工验收,验收组由懂文物维修的专家和熟悉招投标业务、财务管理的人员组成。对验收中发现的问题及时整改;对验收合格的项目,设区市文化(文物)行政部门将有关材料报江西省文化厅备案。江西省文化厅通过日常检查、专门检查等方式对各设区市验收情况进行抽查。目前,江西省已完工的赣南等原中央苏区革命遗址保护工程项目都及时进行了验收。

严把"管理关"。首先,针对江西省革命遗址大多分布在乡村,具体文物建筑容易混淆的情况,为防止出现工程项目张冠李戴的情况,在严把项目"准入关"的基础上,江西省文物局抓好项目上报、批复、资金下拨三个环节的管理。所有上报的赣南等原中央苏区革命遗址维修方案的项目名称和地址,均按照第三次全国文物普查的定名标准规范名称,并落实到具体的建筑物上;江西省文物局在批复方案的文件中,也把每一处革命遗址的地址落实到具体的建筑上;中央补助资金下达后,在资金下达的文件中,同样把每处革命遗址落实到具体的建筑上。其次,抓好资金监管,各级文化(文物)部门配合财政部门对苏区工程项目实行专项资金管理。截至目前,无论是已竣工验收的项目,还是正在施工的项目,在资金管理使用方面,均做到了专款专用、规范使用,没有发生一起截留、挤占和挪用的事件。

严把"利用关"。江西省坚持保护与利用相结合的原则,以文物合理利用为着力点,把赣南等原中央苏区革命文物保护与发展红色旅游产业、推进扶贫脱贫相结合,充分发挥文物保护惠及民生和带动地方经济社会发展的作用。考虑到革命遗址的政治性,江西省文物局规定,在革命遗址内进行陈展的,其陈展方案必须报经宣传部门审批同意。据统计,已维修的

509 处革命文物中，已利用或正在利用起来的有 413 处，占 79.1%；750 项赣南等原中央苏区革命遗址中，被确定为爱国主义教育基地的有 255 项，占 34%。

2. "四种模式"示范引领

赣南等原中央苏区革命遗址基本分布在县、乡镇、传统村落、一般自然村 4 级行政单元中。在近几年革命遗址保护利用工程的实践中，江西省坚持因地制宜，形成了瑞金革命遗址与红色精品景区建设相结合、宁都革命遗址与特色小镇建设相结合、金溪革命遗址与田园风光相结合、青原革命遗址与传统村落建设相结合四种保护利用模式，并在全省推广。

赣州市瑞金市是红色故都、共和国摇篮、中央红军长征出发地，现保存有革命遗址 115 处，馆藏文物 1 万多件（套）。国家支持赣南苏区振兴发展战略实施以来，瑞金将革命遗址保护利用与红色精品景区建设相结合，一方面积极争取国家维修保护资金，对革命遗址进行了系统的维修；一方

面启动创建以瑞金革命遗址为主体的"共和国摇篮"5A级景区，改善周边环境，更新基础设施，延展保护范围，使革命文物得到有效保护，景区整体面貌也焕然一新，极大地提升了"共和国摇篮"景区的知名度。同时，在革命遗址完善原状陈列，增设专题展览，实施布展陈列提升，采用VR、AR等新技术增加体验性项目，增强了革命文物的吸引力和感染力。对于分散在"共和国摇篮"景区外的革命遗址，则根据实际情况，将其与爱国主义教育基地、文化活动中心、旅游景点建设相融合，有效延伸了"共和国摇篮"5A级景区的辐射作用。2017年，瑞金市接待游客人数首次突破1000万人次，实现旅游收入45.43亿元，推动了旅游业成为瑞金市的经济支柱产业。

赣州市宁都县革命历史文物众多，县级以上文物保护单位有87处。在新农村建设中，宁都县一方面紧抓赣南苏区振兴发展的良好时机，争取国家资金2000万元；一方面坚持把革命文物保护工作纳入当地经济、社会发

赣州市宁都县小布镇全貌

展规划和新农村建设总体规划，纳入财政预算和镇村领导责任制，将革命文物保护利用与特色乡镇建设联系起来，创造了革命遗址保护修缮、展示利用、环境整治"三位一体"与爱国主义教育基地建设、红色旅游、学术研究、精准扶贫"四个结合"的特有模式，有效提升了文物保护利用水平。革命遗址集中的小布镇被评为"中国特色小镇"，宁都会议旧址所在的小源村被评为"全国乡村旅游点建设村"，革命遗址集中的黄陂镇也成为"江西省百强中心镇"。

抚州市金溪县迄今仍保存有 47 处 107 个革命文物点和 200 多条红军标语，仅后龚村就保存有革命遗址 22 处。赣南等中央苏区革命遗址保护利用工程实施以来，金溪县以后龚村为试点，大胆创新，将革命遗址的维修与周边环境、自然景观进行整体打造，通过使用传统材料铺装周围地面、种树种草、清沟疏渠，利用周边山水地形、统筹农作物和果树种植等方式，

抚州市金溪县竹桥村农家风情

吉安市青原区富田古镇及村民

将革命遗址及其周边打造成独具特色的休闲旅游目的地，探索出了革命文物保护利用与田园风光相结合的"金溪模式"，让革命文物在田园风光与青山绿水间活起来。如今，后龚村已成为全国秀美乡村建设示范点，是江西省的热门红色景区。

　　吉安市青原区历史文化悠久，又是东固革命根据地所在地，文物资源十分丰富，有革命遗址 300 余处、古村落 50 余个，大量的革命遗址分布在古村落的祠堂、民居、书院、会馆中，针对这一历史遗存与革命遗迹兼备的特点，青原区将革命遗址保护利用规划和传统村落保护建设规划、乡村旅游规划等合为一体，将红色文物保护与古村落保护、红色旅游、美丽乡村建设、小城镇开发等有机融合，整合交通、水利、农业、扶贫等专项资金统一使用，将革命遗址与名镇名村、传统村落集中连片进行保护与利用，将多个古村镇分别建设为国家 4A 级旅游景区，社会经济双效益明显，形成了独特的"青原模式"。

三 分类管理与统筹展示

1. 分类管理

江西省的革命遗址数量多，分布广，管理难度大。赣南等原中央苏区革命遗址保护项目中所涉及的遗址大体可分为两类：一是建筑类项目，共745 项，其中故居旧居 87 项、组织机构驻地 561 项、历史事件纪念地 97 项；二是遗址类项目，共 5 项。从时代上看，这些建筑遗址均为明清至民国时期建筑，其中明代 23 处、清代 511 处、民国时期 216 处。从结构上看，遗址多为砖木或土木结构，其中砖木结构建筑 596 处、土木结构建筑 136 处、全木结构建筑 7 处、砖石结构建筑 11 处。从保护级别上划分，大部分以市县级以下文物保护单位居多，其中全国重点文物保护单位 5 处、保护项目共 12 项，占保护项目总数 1.6%；省级文物保护单位保护项目共 293 项，占总数 39.07%；市县级文物保护单位保护项目 277 项，占总数 36.93%；未定级的保护项目 168 项，占总数 22.4%。从产权上划分，集体产权和个人产权占绝大多数，其中国有产权 80 处，占 10.67%；集体产权 391 处，占 52.13%；个人产权 279 处，占 37.20%，集体产权和个人产权占比达到89.33%。从管理单位来看，由文化、文物部门管理的有 507 项，占项目总数 67.6%；由非文化、文物部门管理的有 243 处，占项目总数 32.4%。其中，国有产权和集体产权遗址主要由文化、文物部门负责日常管理。

针对上述情况，江西各地针对革命遗址类别、分布的不同特点，采取了不同的管理模式。

一是分类管理。数量多又比较集中的革命遗址设立专门管理机构管理，做到每处革命遗址都有人看管，对零星分散的革命遗址以聘请当地村民为文保员的方式进行管理，文物部门每年给文保员一定的经费补助。如瑞金市成立叶坪、沙洲坝、云石山等5个管理处对集中分布的革命遗址进行管理，井冈山市和上饶市横峰县也成立了专门的革命遗址机构。

二是实行分类指导。首先是对不同类别的革命文物采取不同的维修利用方式。如对战场遗址类，一般只进行环境治理、恢复战壕等简单工作，不进行新建活动；对建筑类革命遗址，主要从有利于革命历史事件、历史人物和革命精神传承的方面考虑，将维修单位的资质放宽到二级。其次是对产权性质不同的革命文物采取不同的管理方式。如对产权属于国家的革

萍乡市莲花县宾兴馆中的秋收起义纪念雕塑

命文物，按相关制度要求进行维修管理；对产权属于集体的，更多的是要先做好当地村委会、村民小组的工作，然后开展保护利用工作；对产权属于个人的，则动员当地乡镇、村政府的力量一起做村民的工作，签订协议，对暂时未能签订协议的村民，当地会将其相应遗址的保护利用计划置后，直到做通村民工作后才启动保护利用计划，财政条件允许的则由政府出资代购。

三是坚持可持续管理。只有让文物活起来，将革命遗址利用起来，才能达到可持续管理的目的。江西省下大力气抓好维修后革命文物的利用工作，文物使用单位要负责做好对外开放、卫生保洁、消防、除草等日常保护管理工作，尤其是防止火灾、盗窃等事故的发生，确保文物安全。

2.统筹展示

赣南地区属于山地丘陵地带，红军革命活动地点众多且较为分散，大多数位于偏远山区。而且当年红军在多数地点停留时间短暂，很难形成丰富的实物遗留或者详细的原状记录。加之停留地点多数为祠堂、民居等建筑，

无法改变原有结构布局。这种情况一是导致文物资源全面摸排调查难度较大，二是为革命遗址的原状陈列和辅助展览增加了不小的困难，很多辅助展览只能以图片展形式出现。为防止保护维修后出现利用不规范，展览内容、手段单一，千馆一面等现象，江西省在制定规划时，就坚持保护与利用相结合、社会效益与经济效益双丰收的原则，并明确既要让文物活起来，又要安全利用、健康利用、可持续利用的目标。考虑到革命遗址的政治性，江西省规定在革命遗址内进行陈展的，其陈展方案必须报经宣传部门审批同意。

正因为如此，赣南绝大多数革命文物维修后都结合革命史实进行了相关的展览陈列，成为红色教学点或各级爱国主义教育基地和党性锻炼的基地。同时，江西省各地也因地制宜，将维修后的革命文物开辟为农家书屋、群众文化活动室、村史馆、老年人活动室、农民剧团、农村留守儿童中心、农村医疗室等，做到维修一处利用一处，各革命文物点成为赣南农村公共文化活动的阵地，完美实践了"在保护中利用，在利用中保护"的理念。

抚州市宜黄县棠阴镇全景

模式篇

　　为有效解决革命文物保护传承难题，江西省牢牢把握弘扬革命传统、传承革命文化这个核心，紧紧围绕"保护、利用、管理"的主题，坚持因地制宜、整体打造、积极创新，在实践中总结出瑞金、井冈山革命文物保护利用与红色精品景区相结合，金溪革命文物保护利用与田园风光相结合，宁都革命文物保护利用与特色小镇建设相结合，青原革命文物保护利用与传统村落保护相结合四种保护利用模式，有效地增强和提升了革命文化的生命力和影响力。

青原区富田镇匡家古村

瑞金模式

革命文物保护利用与红色精品景区建设相结合

赣州市瑞金市是红色故都、共和国摇篮、中央红军长征出发地,毛泽东、周恩来、朱德、刘少奇、邓小平、陈云等老一辈无产阶级革命家,十大元帅中的九位、十位大将中的八位,都在这里生活和工作过。党史专家以"上海建党,开天辟地;南昌建军,惊天动地;瑞金建政,翻天覆地;北京建国,改天换地",精辟地概括了瑞金在中国革命史和中共党史上的重要地位。瑞金市深厚的革命历史,孕育了宝贵的苏区精神,遗留了丰富的革命文物。现保存有革命遗址 115 处,其中全国重点文物保护单位 35 处、省级文物保护单位 23 处、市级文物保护单位 22 处。瑞金中央革命根据地纪念馆,馆藏文物 11118 件(套),是首批全国爱国主义教育示范基地、国家一级博物馆,首批全国中小学研学实践教育基地、全国 20 个"我最向往的党史纪念地"、首批江西高校红色育人实践基地。2015 年,以瑞金革命旧址景区为主的"共和国摇篮"旅游区被评为国家 5A 级旅游景区。

瑞金市立足中央苏区核心区域的独特优势,抓住国家支持赣南苏区振兴发展的历史机遇,紧紧围绕"革命遗址保护与红色精品景区相结合"的发展理念,积极推进革命文物保护、利用、传承的协调发展,在革命遗址保护利用方面做了大量工作,有力地促进了红色旅游和红色培训的发展。

一 加强保护、合理利用

1. 强化保护、环境协调

为全面推进革命遗址保护修缮,瑞金中央革命根据地纪念馆聘请专家编制了《瑞金革命遗址文物保护规划》和维修保护方案,积极申报资金,确保国家文物局出台的革命遗址维修保护三年行动计划在瑞金落地见效。对具体项目实行领导牵头、部门负责、完善管理方案的工作机制，建立项目调度、责任追究等制度，滚动推进项目顺利实施。签订旧址维修管理协议，以纪念馆为甲方，旧址所在乡镇、村委为乙、丙方，旧址产权人代表为丁方，明确各方责任与义务，形成齐抓共管的局面，确保维修工作顺利开展。自2012年以来，瑞金市共争取维修保护资金1.7亿元，实施保护维修项目108个，占瑞金市革命遗址总数的93.9%，目前完成80余个，使瑞金市的革命遗址得到了普遍的系统性维修。

在重视文物本体保护的同时，瑞金市也十分注重遗址原生态环境的保护，尽可能做到遗址及周边环境协调统一。瑞金市还成立了文物保护工作领导小组以及文化和旅游产业发展领导小组，领导小组办公室设在瑞金中央革命根据地纪念馆，增补该馆馆长为瑞金市城市规划委员会委员，明确了各有关单位在文物保护中的职责和任务，建立工作联动和协调机制，把革命文物保护利用与瑞金市旅游规划发展相互衔接、协同推进，以达到遗址与周边环境的协调统一与可持续性的展示利用。瑞金市革命遗址的保护

维修后的瑞金市沙洲坝列宁小学旧址

范围和建设控制地带得到很好的维护。特别值得一提的是，瑞金市在进行景区建设时，在遗址保护范围外建设了环境协调区，使得革命遗址的保护范围和建设控制地带在旅游景区建设中不仅没有受到侵扰，还得到了扩大，为革命文物保护提供了更为充裕的空间保障。

2. 共同参与、分类管理

瑞金市革命遗址数量多、分布广，瑞金中央革命根据地纪念馆采取分类管理的方式进行保护。在叶坪、红井、大礼堂、乌石垅、云石山等旧址相对集中的重点区域设立革命遗址管理处，以国家5A级景区标准进行日常管理和安全巡查。分布在景区以外的遗址，按区域划分至各管理处进行管理，实行常态化巡查，并根据当地村委会和村民理事会推荐，聘请当地退休干部或有责任心的人员为代管员，主要负责遗址的环境卫生、安全检查，确保遗址不受自然损害及人为破坏，并负责对村民进行文物保护法律法规的宣传，参与监督指导当地新农村建设，防止对革命遗址原生环境的破坏等。

3. 严控安全、明确责任

瑞金市按照"谁主管、谁负责"和分级管理、属地负责的原则，成立文物安全领导小组，具体负责瑞金中央革命根据地纪念馆的文物安全工作；每年与各遗址群管理处签订文物安全责任状；向社会力量购买安保服务，健全安保队伍，规范安全保卫工作；所有革命文物均配备消火栓系统、安防系统、防雷工程和灭火器材。同时，建立定期巡查机制，按照"预防为主、关口前移"的方法，采取岗位自查、部门检查和专项检查相结合的方式，对所有革命遗址进行巡查，做到视角前移，及时发现和整改隐患，及时制止和查处违法行为，防患于未然。瑞金市"一江两岸"棚户区改造项目共涉及8处革命遗址，其中有一处市级文物保护单位中共瑞金县委旧址在原规划中被列入拆迁范围，瑞金中央革命根据地纪念馆及时向市委、市政府提出了不能拆除、原址保护的建议。瑞金市委、市政府高度重视，重新进行研究，确定修改规划设计方案，对该遗址实行原址保护，市政府为此增加投资 200 多万元。

二 建设精品景区、提升利用品质

为充分发挥革命文物的公共文化服务功能，瑞金将革命文物保护工作融入文化振兴发展大局，乘"打造成为红色文化传承创新区"的政策东风，

瑞金市云石山中国共产党中央政治局（含中央政府办事处、中共中央分局）旧址维修前

瑞金市云石山中国共产党中央政治局（含中央政府办事处、中共中央分局）旧址维修后

以创建"共和国摇篮"5A 级景区为抓手，改善保护环境，深入挖掘内涵，激发革命文物的内在动力，全方位提升革命文物展示利用水平，达到活化利用的时代要求，切实让文物活起来，积极服务于经济社会发展大局。

1. 创建国家 5A 级景区

瑞金市充分利用中央苏区振兴规划，致力于红色文化传承创新区建设，开始启动创建以瑞金市的革命遗址为主体的"共和国摇篮"5A 级景区，成立了以市长为组长、40 多个相关责任单位的主要负责同志为成员的创建领导办公室，制定科学可行的创建实施方案，对照创建标准和细则，将任务落实到部门单位和责任人，使整个创建工作按计划、有步骤地开展。通过创建工作，景区面积扩大了，基础设施变好了，红色文化景观增加了，整体面貌焕然一新。2017 年，瑞金市接待游客人数首次突破 1000 万人次，实现旅游收入 45.43 亿元，旅游业成为瑞金市的支柱产业。

瑞金市叶坪红军烈士纪念亭

瑞金市中华苏维埃共和国临时中央政府旧址

2. 增强革命文物感染力

瑞金市围绕"思想升华、精神体验"的要求，深入挖掘历史内涵，不断增强革命文物感染力。在叶坪景区，以"星星之火、可以燎原"为主题，建设了"一苏大会"展览馆、"建政之路"广场、红军码头等红色景观，推出"选举""活捉张辉瓒"等互动参与式历史情景再现项目；在沙洲坝景区，则以"勤政爱民——中华苏维埃中央政府"为主题，建设了群众路线文化广场，展示了毛泽东同志的文章《关心群众生活，注意工作方法》和以当年老一辈无产阶级革命家关心群众生活的小故事为题材的雕塑群。同时，在革命旧址景区实施陈列布展提升项目，完善原状陈列，增设专题展览，采用 VR、AR 等新技术，增加体验性项目，极大地增强了革命文物的吸引力和感染力。

3. 开创合理利用新思路

对于分散在"共和国摇篮"旅游区外的遗址，根据实际情况，在利用方式上与爱国主义教育基地、文化活动中心、旅游景点建设相融合，开创革命遗址合理利用新路子。如中国工农红军学校旧址地处中心城区，与历史街区保护相结合，修复后成为瑞金书法美术培训交流展示场所；中国工农红军彭杨步兵学校旧址位于九堡中心小学内，与传统村落保护相结合，修复后学校将其开辟为书画室、音乐沙龙和图书阅览室，成为开展爱国主义教育的红色课堂；红四军大柏地战斗干部会议会址修复后与美丽乡村相结合，中央红色医院旧址与绿色观光农业相结合，成为新的乡村旅游景点，有效延伸了"共和国摇篮"5A级景区的辐射作用。目前，瑞金市大多数革命文物都成为红色课堂和社区文化活动中心，革命文物在合理利用中得到了良好保护。

瑞金市中国工农红军学校旧址开办书画培训学校

瑞金市中国工农红学学校旧址举办赣州首届六县一市书画巡回展

三 传承革命精神、坚定理想信念

为强化革命文物的社会教育功能，发挥其教化育人的作用，瑞金市丰富教育载体，强化馆校联动，创新教育形式，构建多层次、多途径的教育传播格局，卓有成效地开展爱国主义教育和革命传统教育，着力打造理想信念之都，使瑞金市成为全国党员干部职工加强革命信念和党性锻炼的重要基地，青少年学习革命传统、陶冶道德情操的重要基地，全国人民旅游观光、培育爱国情感和民族精神的重要基地。

1. 共建教育基地

瑞金市持续开展"寻根问祖""续红色家谱"活动，倡议中央各机关部委到瑞金市寻找其前身，吸引了国家公务员局、中国井冈山干部学院、瑞金干部学院等全国100多个部门单位、企业、院校在瑞金中央革命根据地纪念馆建立现场教学点、挂牌成立爱国主义和革命传统教育基地。此外，

瑞金市沙洲坝列宁小学旧址成为党员干部廉政教育培训班现场教学点

瑞金市积极响应党的群众路线教育实践、"两学一做"学习教育等工作，编辑出版《伟大的苏区精神》《中央苏区群众路线故事精选》《红都典藏》等系列红色文化书籍；推出"苏区精神永放光芒""中央苏区群众路线史料展""中央苏区廉政史""伟大的长征从这里出发"等展览，为党员干部学习教育培训量身定制红色文化服务产品。2017 年，瑞金市革命遗址共接待观众 113.42 万人次，其中来开展党性教育、接受革命传统教育的党员干部达 10 万人次。

2. 馆校教育合作

瑞金市坚持资源共享、合作共赢的馆校合作理念，与教育部门及学校建立长效合作机制，把红色教育作为学校课外教育的重要内容，使红色场馆成为学生的第二课堂。建立青少年教育项目库，策划实施青少年精品教育项目 21 个，其中以阅读红色经典书籍、演唱红色歌曲、认护红色文物为

瑞金市叶坪景区红色研学活动

主题的"红色文化育新人"教育活动，被列为全国培育和践行社会主义核心价值观百家经验之一；"红色文化进校园"教育项目，自 2008 年至今每年组织讲解员深入瑞金市各中小学校开展活动，参与师生达 20 余万人次；"红色小导游"教育项目自 2001 年开设至今，提供志愿讲解导游服务 2 万余次，服务游客 10 余万人次。瑞金市各革命遗址为中小学生免费提供讲解服务，每年服务时间达 5000 小时以上。作为教育部首批全国中小学生研学实践教育基地，自红色研学实践活动开展以来，瑞金市共接待陕西红色文化研学专列、香港青少年红色之旅等参观学习人员 100 余批次。

3. 创新教育形式

瑞金市积极顺应"互联网 +"时代社会大众个性化、订单化、娱乐化的学习教育需求，采用新技术、新形式、新渠道扩大社会宣传教育覆盖面，增强教育效果。利用现代媒介开展教育，完成智慧博物馆、智慧旅游景

瑞金市叶坪列宁台

瑞金市革命文物相关文创产品

区建设，开设网站、"共和国摇篮旅游区"微信公众号，与《今日头条》合作开设宣传专栏，年点击量达 460 多万次；以革命文物、革命事件和革命人物为背景，在电视台开办《红色传奇》《红都记忆》电视栏目；策划与实施陈列展览、故事会、歌舞晚会等进机关、军营、社区；积极培育文化创意产品开发，推动红色历史文化创造性转化和创新性发展。通过创新渠道，多途径宣传红色基因，增强了游客对瑞金市革命文物的认知以及瑞金市革命历史和人物的热度，为瑞金市红色旅游与红色文化积聚了旺盛的人气。

金溪模式

文物保护利用与田园风光相结合

　　抚州市金溪县是原中央苏区县，也是闽赣苏区的重要组成部分。1932～1937年，红军在金溪这块红土地上与国民党军队发生过大小战役、战斗50多次，最著名的是第四次反"围剿"先声战——金溪战役。迄今全县仍有革命遗存47处、革命文物点107个和红军标语200多条。位于金溪县南部的左坊镇后龚村是一个远近闻名的革命遗址集中的红色村落，1933年1月，红一方面军发起了金资战役，红一方面军总政治部和总司令部均设在后龚村，现村中还保存有革命遗址22处，主要包括红一方面军司令部旧址、政治部旧址、供给部旧址、卫生部旧址、教导团旧址、警卫连通信连旧址，周恩来旧居、朱德旧居和王稼祥旧居，红军洞、红军井、红军宿营地等。

金溪县后龚村红一方面军司令部旧址

　　赣南等中央苏区革命遗址保护利用工程实施以来，金溪县紧紧抓住国家支持苏区建设的契机，以后龚村红色文物保护利用为试点，因地制宜，大胆创新，探索出了革命遗址保护利用与田园风光相结合的"金溪模式"，让革命文物在田园风光与青山绿水间活起来，成效明显。如今，后龚村已成为全国秀美乡村建设的一个示范点，是江西省红色旅游的热门景区。金溪县进行革命文物保护利用的主要做法体现在以下三个方面。

一　牢固树立整体保护理念

　　为了加强对革命文物保护利用工作的领导，金溪县成立了原中央苏区保护利用工作领导小组，由县长任组长，县人武部长和分管副县长任副组长，县文化、财政、建设规划、扶贫等方面的部门，以及各乡镇政府等30多个单位为成员，并进一步健全革命文物保护制度。后龚村和金溪县大多数村落一样，坐落在青山绿水间，山水相抱，田园错落，自然风光比较秀美。

参观金溪县后龚村红一方面军司令部旧址的游客

针对后龚村红色文物零星分散，4 个村小组相隔一定距离、道路不畅通的现状，领导小组在深入调研、广泛征求、集思广益的基础上，形成了"红色景区、绿色田园"的整体保护利用理念，明确了把革命文物保护利用与田园风光相结合的工作思路，先后编制了《后龚村红色文物保护维修利用规划》和《关于后龚村文物保护利用与田园风光相结合的实施方案》，使该村红色文物的保护、修缮与利用有了清晰的蓝图，找准了革命文物保护利用的切入点，着力整体打造，把后龚村红色文物融入结合到山水田园之中，尽显后龚之美，把后龚村建设成一个有看点、有亮点、有卖点、有魅力的红色景区。

二 扎实推进项目实施

金溪县在后龚村革命文物保护利用工程中破解了四大难题。一是做好"撬"的文章，解决了资金难题。红色文物保护修缮，资金投入是关键。后龚村共获得国家资金 2300 万元，但只能解决后龚村 22 栋革命旧址旧居的修缮资金，与实现整体保护利用的需求相比，还有很大的缺口。金溪县以这批资金为杠杆，巧妙地撬动整合建设部门的危旧房改造专项资金，交通部门的道路等基础设施建设资金，环保部门的环境整治资金，发改部门涉林、水电、民生和教育、卫生、园林方面的专项资金，新农村建设资金，秀美乡村建设资金，涉农项目资金以及社会捐赠资金等。同时制定优惠政策，引导企业、社会组织和村民等参与革命文物保护利用工作，制定产业开发收入反哺革命文物保护利用的具体措施，基本形成政府、企业、社会多元资金投入革命文物的工作机制，共整合相关项目资金达 1.26 亿元，为后龚村革命文物保护利用提供了强有力的资金保障。二是做好"推"的文章，解决了合力难题。在工程实施过程中，金溪县将后龚村革命文物保护

▲ 金溪县后龚村红一方面军司令部旧址维修前

▼ 金溪县后龚村红一方面军司令部旧址维修后

利用工程作为2015年、2016年连续两年的全县重点项目，采取"六个一"推进机制（即一个项目、一名县级领导挂点、一个牵头单位、一套监管措施、一支好的施工队伍、一抓到底），确保项目快推进、快完工、快见效。由于措施有力，推进有效，县、乡、村各级组织和相关职能部门等都有责任分工，一月一调度，工作任务未完成则直接问责单位主要负责人，较好地协调好了各部门之间的关系，项目进展顺利。三是做好"拆"的文章，解决了征地难题。在征地拆迁过程中，发挥村民理事会的作用，做好村民的解释安抚工作；发挥老党员、老干部、老模范"三老"的作用，鼓励他们主动拆除自己私搭乱建的房屋，清理旧房，起到了模范带头作用；对于同意拆迁的村民，政府给予合理补偿，腾出的土地解决了道路、广场和游客服务中心等项目的用地问题。四是做好"入"的文章，解决了整治难题。组织干部进组入户，挨家挨户做工作，了解群众顾虑和

实际困难，并采取有针对性的办法，逐一解决。针对农民几千年来一户一栏的问题，在村外规划了一个集中养猪、牛的圈区，让农民无后顾之忧，一举清除44个猪棚牛圈，解决了"脏"的问题；采取"拆一补一、合理补偿、安置新地"的办法，拆除12栋影响后龚村传统历史风貌的插花新建筑，解决了"乱"的问题；针对劳力不足、工期较紧，动员全镇民兵预备役力量，义务投工投劳达14000多个工作日。一个个难点被攻克，使得项目修复快速推进，达到了预期效果。

三 全力打造红色景区

革命文物保护只是手段，最终目的还是利用好、发挥好其作用，让后龚村红色文物在田园风光和青山绿水中活起来。为此，金溪县千方百计将后龚村打造成为尽显田园风光的红色景区。一是按照"不改变文物原状"的原则对后龚村22处革命遗址加以修缮保护，突出"打造红色景区、讲好

学生参观金溪县左坊红一方面军军部旧址

革命故事、传承苏区精神，带动乡村振兴"这一工作重点，实现使后龚村单体文物价值得到整体提升的目标，使游客听到红色故事、领略到苏区精神，让人心生震撼、接受洗礼、不忘初心。此外，还采用声光影像等现代科技手段，在修缮好的革命遗址进行布展，将相应革命遗址作为金溪战役纪念馆、廉政建设展览馆、村史馆、抚州市党员干部教育现场教学点、爱国主义教育基地和国防教育基地。二是加强乡村田园基础设施建设。后龚村铺设了一条宽2.6、长3600米，中间是老石板、两边为卵石的游览步道，下面预埋了路灯与音响线路，两侧全线安装马灯造型的景观灯和音响设备，步道两边种有各色杜鹃花，把分散在后龚村不同村小组的22处革命遗址，像穿珍珠似的一颗颗串起来。根据村落环境，在村中新修了凉亭、观景台、青砖小院、鹅卵石步行道、鹅卵石小广场和碾米辘轳等设施。还在参观线路周边打造了三处景观茶园、四处景观竹园、五个景观菜园和若干个景观经济作物带，修复了一个红军防空洞、一座红军碾米房、两口红军井，拯救了三棵红军当年栽种的桂花树，并采取奖励补贴的办法引导村民在村内集中连片地栽种1300多亩荷花，既展示了秀美乡村田园风光，又增加了村民收

金溪县竹桥村前的荷花塘

入。此外，还维修加固与扩容两座小二型水库，修复4条长3200多米的水渠，修建3座小桥，清理9方水塘，栽种22000多株垂柳，保护700多亩风水林，使村落长年流水潺潺、绿树成荫。三是做好惠民工作，切实提升后龚村群众收入水平。如聘用低保户为村中保洁员、有一定文化程度的青年为景区讲解员和播音员、在村的退伍军人为保安，鼓励精准扶贫户在革命遗址附近摆摊卖些食品茶水补贴家用等。随着景区的运营，催生了一批新的产业，许多村民依托红色旅游办起了休闲农庄、特色种植、有机蔬菜、水面垂钓、有机大米、观光果园等浏览体验项目，村民整体收入水平得到了提升。

后龚村实施革命文物保护利用工程以来，后龚村范围内的6个村小组有200多户村民返乡创业，留守儿童减少40%，有力地促进了社会和谐，带动了乡村振兴，使文物的规模效益得到整体提升。游览线路上的红色景点、红色氛围与乡村风韵、田园风光、农家气息互相融合、互相依托，真正做到了红色文物在田园风光与青山绿水间活起来了，并让游客在潜移默化中接受革命教育，在如诗如画中的红色乡村洗涤心灵。

金溪县竹桥村古建筑内景

宁都模式

革命文物保护利用与特色小镇建设相结合

赣州市宁都县素有"苏区摇篮"的美誉，是原中央苏区的核心地区，也是原中央苏区前期的政治、军事中心，苏区江西省后期的省会。现有县级以上文物保护单位 87 处，其中全国重点文物保护单位 2 处，省级重点文物保护单位 17 处。宁都县紧抓赣南苏区振兴发展良好时机，积极争取资金对革命遗址进行维修利用，2014 年以来国家共下拨苏区革命遗址维修资金近 2000 万元。

宁都县小布镇是中共苏区中央局所在地，为做好文物保护单位的保护利用工作，利用小布镇打造特色镇的契机，将革命文物维修保护与镇村联动、古村落保护、特色小镇建设、美丽乡村建设和精准脱贫等工作有机结合，整合交通、水利、农业、扶贫等专项资金，全面规划，整体推进，对革命文物所在村庄进行综合改造，聘请义务文保员，实行常态化管理，全面提升文物保护利用水平。革命遗址集中的小布镇于 2016 年被评为"江西省十大休闲旅游小镇"，2017 年被评为"中国特色小镇"，国家 4A 级旅游景区。

宁都县小布镇革命旧址群

宁都会议革命旧址所在的小源村被列入2017年"全国乡村旅游点建设村"，革命遗址集中的黄陂镇也成为"江西省百强中心镇"。

一　"三位一体"推进文物保护利用

保护修缮，把文物的"根"留下来。为抢救和保护历史文化遗产，宁都县请江西省文物保护中心为小布镇中共苏区中央局旧址群等革命遗址编制保护规划和维修方案。为管好用好苏区项目资金，推进赣南原中央苏区革命文物修缮工作，宁都县专门成立了革命遗址保护修缮工作领导小组，由县委、县政府分管领导分别担任组长、副组长，县委办、政府办、文化、财政、建设规划等部门以及项目所在乡镇政府为成员单位。革命遗址保护修缮工作由领导小组统一调度，部门联动，合力推进，为项目实施创造良好的施工环境。针对宁都县革命遗址维修项目"点多、面广、线长"，遗址多为祠堂，产权大多属私人或宗族所有的特点，领导小组为维修项目所在乡镇指定一名班子成员为项目联络人，负责与村民协调，进行施工前的场地清理，帮助施工单位联系食宿和办公场所，以及协助解决施工过程中所遇到的问题。同时把苏区项目保护修缮列入县政府"六大攻坚战"项目，严格规范审批程序，严抓施工维修质量。由于措施到位，部门联动，项目进展顺利，使一大批历史文化遗产得到及时抢救和保护修缮，把文物的"根"留下来。

展示利用，让文物活起来。本着"修缮好一处，展示利用一处"，对已修缮好的革命遗址，宁都县组织专业人员深入挖掘其历史文化内涵和历史信息，延伸革命文物的价值与功能，先后对小布镇龚氏宗祠中共苏区中央局成立地旧址，黄陂中排红一方面军总前委"黄陂会议"旧址，东山坝"宁都会议"旧址，黄陂山堂胡氏家庙"中共苏区中央局第一次扩大会议"

旧址等进行陈列展示，并在各重要文物点配备讲解员，使大量革命文物有址可寻、有物可看、有史可讲、有事可说，让更多的文物活起来。

环境整治，使文保单位靓起来。在革命遗址维修保护过程中，宁都县坚持革命遗址保护与乡镇秀美乡村建设点、新农村建设点相结合，对革命遗址周边的"脏、乱、差"环境进行全面整治，并按照红色旅游景点的规划要求，建设停车场、游步道、旅游公厕等基础设施，美化、绿化文物保护单位周边环境，使文物保护单位靓起来。

二 "四个结合"提升文物保护利用水平

与爱国主义教育基地建设相结合，使客家祠堂成为红色教育课堂。宁都县属客家祖地，民间保留有大量宗祠祠堂，其中有许多革命遗址。宁都县坚持革命遗址保护与爱国主义教育基地建设，充分发挥革命遗址在进行爱国主义、革命传统教育中的资政育人作用。宁都起义指挥部旧址为中国井冈山干部学院现场教学点；小布镇龚氏宗祠第一部无线电侦察台旧址成为解放军总参三部国防教育基地；小布镇革命遗址群被列入第五批赣州市

爱国主义教育基地、瑞金干部学院现场教学点。如今，宁都县 20 余处重要革命遗址已成为党员干部进行爱国主义教育的重要基地，大量客家祠堂成为广大青少年接受革命传统教育的红色课堂。此外，宁都县积极融合多媒体资源，在展示手段和形式上不断创新，全面推进"互联网 +"革命文物，对革命文物进行全景式、立体式、延伸式展示宣传，传承革命传统，弘扬革命精神。

与红色旅游相结合，使文物保护单位成为旅游线上的精品景点。宁都县把革命文物保护利用纳入全县旅游发展总体规划和全县旅游重点景点景区，扎实推进红色革命遗址群的保护开发利用工作，把革命遗址作为发展红色旅游的平台。高高昂起中央苏区反"围剿"纪念馆这一红色旅游"龙头"，壮大宁都起义指挥部旧址（宁都起义纪念馆）这一红色旅游"龙身"，更大力舞动黄陂、小布、东山坝、梅江等 4 个革命遗址群这一红色旅游的"龙尾"，打造集教育、旅游、体验为一体的红色遗址群，形成纪念馆参观和遗址群现场体验融为一体的特色旅游景观。比如，小布镇的革命遗址群分布集中连片，保存相对完好，在保护维修好革命遗址的同时，小布镇依托

宁都县小布镇中共苏区中央局暨中华苏维埃中央革命军事委员会成立旧址红色研学场景

宁都县小布镇中共苏区中央局第一次扩大会议旧址

自身丰富的"红""古""绿"等特色资源，推出了一系列"红色体验游"项目，包括革命遗址参观体验、重走"红军路"、"红色电波"现场展示、莫尔斯电码体验、第一次反"围剿"万人歼敌誓师大会情景再现等。此外，品尝"红色菜肴"等项目更增添了旅游体验的趣味性。此外，宁都县还将推出临宁公路沿线洛口、东韶、肖田等乡镇"红色文化走廊"建设，使众多重要的革命遗址成为红色旅游线上的精品景点，吸引八方游客。

　　与精准扶贫相结合，文物成为脱贫攻坚的"助推器"。宁都县坚持革命文物保护与推进扶贫脱贫相结合，充分发挥革命文物带动地方经济社会发展的作用，让更多的革命文物惠及民生。积极协调和正确引导革命遗址所在乡镇将古村落保护、红色旅游、秀美乡村建设等尽可能与文物保护有机融合，重点整合交通、农业、文化、教育等扶贫专项资金，把文物保护单位的保护利用纳入精准扶贫示范点的总体规划和整体推进扶贫点的发展计划，综合改造升级，不断完善村容村貌，全面提升革命遗址所在镇村基础设施建设水平，

使文物惠及民生。熊氏宗祠是原红一方面军总交通队旧址，宗祠原主人熊天星身患残疾、腿脚不便，生活十分困难，是贫困户。旧址修缮好后，当地政府请他做义务文物保护员，又允许他在旧址中卖些蜂蜜、小布岩茶等土特产，每月收入可达数千元，革命遗址成为他脱贫的依靠。据统计，仅2018年上半年，宁都县就吸引近100万人次前来参观游玩，直接带动周边1000位村民就业创业，实现人均增收3000余元，加快了贫困群众脱贫致富的步伐，革命文物成为脱贫攻坚的"助推器"。

与学术研究相结合，革命遗址成为研究交流的重要平台。众多的革命遗存，是宁都县作为中央苏区"金砖四县"之一重要历史见证，其中保存有苏区时期红军重要机关、重大事件发生地，伟人旧居、反"围剿"重要战场等革命文物。宁都县不断深入挖掘其所蕴含的历史文化内涵和历史信息，撰写陈列大纲，征集史料展品，设计陈展方案，进行革命遗址陈列展览。通过陈列展示，不断提升宁都县的党史研究和策展水平。如在小布镇中共苏区

宁都县小布镇熊氏宗祠及其中的小卖部

宁都县小布镇中共苏区中央局第一次扩大会议旧址

中央局成立旧址、誓师广场遗址、中国工农红军第一部无线电成立旧址等地，围绕中共苏区中央局（苏维埃中央军委）的成立和红军第一部无线电的设立等相关历史进行陈列和复原，展现出小布镇是全国苏维埃区域内最高党、军领导机关——苏区中央局和中革军委的诞生地、解放军无线电通信事业发源地的历史地位。黄陂山堂胡氏家庙"中共苏区中央局第一次扩大会议"旧址，利用胡氏家庙空间大的优势，以黄陂苏区革命历史为主题，宣传展示黄陂是红军反"围剿"的集结地，备战决策基地和主要战场的相关历史。同时，宁都县还组织文艺创作人员深入基层，收集、整理和创作各类红色题材文艺作品，《红色宁都》《宁都兵暴》《翠岗红旗》《红色别动队》《红土地的记忆》《少共国际师》等一大批反映赣南苏区光辉历程的书籍及影视作品相继出版发行，成为传播推广红色文化的重要载体。

青原模式

革命文物保护利用与传统村落保护相结合

吉安市青原区历史文化悠久，又是东固革命根据地所在地，革命文物和古村落资源均十分丰富。全区共有革命文物点 300 余处，其中全国重点文物保护单位 5 处、省级重点文物保护单位 27 处、市级重点文物保护单位 7 处、县（区）级重点文物保护单位 80 处，革命遗址上保存着大量的红色标语；有古村落 50 余个，其中"中国历史文化名镇"1 个、名村 2 个，"中国传统村落"6 个，省级历史文化名镇 1 个、名村 2 个，省级传统村落 3 个，古民居 1000 余栋、古祠堂 100 多座、古牌坊 10 余座、古书院及古教堂 10 余所。

青原区富田古镇一角

青原区的革命遗址主要集中保存在历史文化名镇名村及传统村落中，革命文物与传统村落两种不同时代的产物在这里交融，革命精神与人文历史交相辉映。青原区对如何将革命文物保护利用与传统村落保护利用相结合进行了有效的探索总结，主要是做好"五个一"。

一　全区上下整体规划一盘棋

针对当地革命文物广泛分布在传统村落里的特点，青原区因地制宜，坚持革命文物保护利用和传统村落建设相结合，打造红色文化传承高地，做到有址可寻、有物可看，真正让革命传统与红色基因融入传统历史文化之中。全区建立统一的规划编制机制，将革命文物保护利用规划和传统村落建设保护规划、乡村旅游规划等多规合一，全区上下一盘棋，一张蓝图绘到底。渼陂古村、陂下古村、富田古镇等既是东固革命根据地的核心区域，又是庐陵文化兴盛之地，历史文化名镇名村、传统村落汇集于此。青原区以名镇名村中的革命遗址为抓手，确立革命文物与名镇名村、传统村落保

青原区文陂镇渼陂古村街道

护集中连片打造，将 3 个古村镇分别创建为国家 4A 级旅游景区，使革命文物的保护利用成为乡村振兴的"引擎"。

二 革命文物保护与传统村落建设一体打造

青原区的特色是大量革命遗址分布在历史文化名镇名村及传统村落中，祠堂、民居、书院、会馆等既是历史文物，又是革命文物。如渼陂古村是中国历史文化名村，村落中保存了大量的革命遗址，如陂头"二七会议"旧址、红四军军部旧址、毛泽东同志旧居、朱德同志旧居、彭德怀同志旧居、曾山同志旧居，渼陂村还是梁兴初、梁必业等开国将军的故里，革命文物资源非常丰富。对于如何将渼陂古村中的革命文物保护好、利用好，使其内容与形式相统一，青原区的做法是在规划指导下，将革命文物保护与历史建筑保护一体打造，既保留符合历史传统的建筑风格风貌，又恢复革命年代的场景氛围；既传承历史文脉，又弘扬红色基因。一是保护修缮，留住历史的"筋骨肉"。为抢救和保护原中央苏区革命遗址，青原区成立

青原区东固平民银行旧址

青原区富田镇王氏宗祠（诚敬堂）

青原区渼陂村彭德怀、黄公略同志故居

了革命文物保护利用工作领导小组，由区长担任组长，相关分管区领导任副组长，文化、党史、财政、城建、发改、审计、扶贫、农工等相关部门以及各乡镇街道等近 20 个单位为成员，保护修缮工作统一调度、部门联动、合力推进。由于革命遗址点多、面广、线长，产权大多属私人或宗族所有，青原区积极实施收购一批、租赁一批、整理一批、修缮一批、建设一批的方案，收购民居 5 栋，租赁民居 30 栋，清理遗址旁乱搭乱建的猪牛栏圈及村民自建房屋 3000 余平方米，修缮了陂头"二七会议"旧址、诚敬堂、崇孝堂、东固平民银行、阳明书院等 60 多处革命遗址，严格规范修缮程序，严抓施工质量，使一大批革命遗址得到抢救性保护修缮，

青原区渼陂村陂头"二七会议"会址

青原区东固镇红军无线电训练班旧址

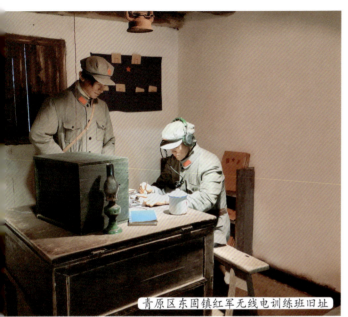

青原区东固镇红军无线电训练班旧址

青原区渼陂村梁兴初将军故居展陈

留住了历史的"筋骨肉"。二是展示利用，传承文化的"精气神"。文物是珍贵的不可再生文化资源，具有以物化人的作用。青原区全力推进"一核三区多点"陈展布展工作。其中，"一核"即以东固革命根据地纪念馆为核心引领板块；"三区"以是包含文陂、富田、东固三个革命遗址集中乡镇的教学片区为支撑板块；"多点"是以特色各异的众多教学点为特色板块。以东固革命根据地纪念馆为统领的各场馆通过综合运用文物、图片、油画、雕塑、景观、场景复原等多种形式和声、光、电等现代科技手段，使文物陈展的思想性、艺术性、观赏性有机统一。对这些场馆的打造提升，成为记录东固苏区光荣历史的实体写照，成为革命精神的宣传基地。

三 革命文物保护与传统村落建设资金一起使用

革命文物保护利用的资金是有限的。青原区将革命文物保护资金和传统村落建设资金统一管理、一起使用，整合交通、水利、农业、环境保护、扶贫和美丽乡村建设等专项资金，统一调度、整体推进、精准实施。既对传统民居进行维修保护，又对依附和保存在民居里的革命文物进行复原修缮；既对传统村落进行整体保护利用，又对成群连片的革命遗址进行重点打造。革命遗址维修到哪里，传统村落的环境整治、通电通水、修桥修路、管网铺设、防火防灾等基础设施建设就推进到哪里，捆绑的资金就投放在哪里。资金跟着项目走，项目跟着文物走，文物点亮了村落，村落激活了文物。五年来，青原区 60 多处革命遗址获得中央补助资金 8200 余万元。同时，以这批资金为杠杆，撬动整合建设部门危旧房改造专项资金，交通部门的道路等基础设施建设资金，环保部门的环境整治资金，发改部门涉林、水电、民生和教育、卫生、园林方面的专项资金，新农村建设资金，美丽乡村建设资金等。据初步估算，该区每投入 1 万元文物保护资金、可撬动 10 万元各类建设资金，真正起到"以一带十"的拉动效应。比如，在横坑古村，文物部门一次集中修缮 7 个革命遗址，投入 600 万元，在区委区政府的统一规划下，整合交通、水利、农业、扶贫等专项资金 1000 多万元，财政预算重点向该村倾斜，使原先单一的文物建筑修缮变成对整个传统村落的综合打造。此外，还积极引导社会力量参与，通过捐赠、投资、入股、租赁等方式，探索建立传统建筑认领保护制度，并发动村民积极募集资金参与古村环境卫生治理和文物日常维护工作，初步形成政府、企业、社会多元资金投入革命文物保护利用的工作机制。

青原区文陂镇渼陂村古街

四 革命文物保护利用与红色旅游开发一同推进

青原区把革命文物保护利用纳入全国、全省、全区旅游发展总体规划，扎实推进革命遗址的保护利用工作，充分发挥东固革命根据地旧址的引领作用，加大富水河流域传统村落和革命遗址群旅游开发力度。东固革命根据地遗址群被评为全国爱国主义教育示范基地，东固革命根据地被列入全国红色旅游30条精品线路之一和100个红色精品景区之一。富田镇、渼陂古村、陂下古村已打造成国家4A级旅游景区，渼陂古村目前正在打造国家5A级旅游景区。富田镇陂下、横坑、王家、匡家、江背，文陂乡渼陂，新圩镇毛家等传统村落，集中展示陂头"二七会议"旧址、红四军军部旧址、毛泽东旧居、赣西南苏维埃政府和江西省苏维埃政府旧址、东固平民银行旧址、全国苏区执行局旧址、江西省苏维埃财政总局旧址、总前委机关旧址、

青原区东固革命根据地博物馆红色研学场景

青原区东固镇敖上村中的红军雕塑

江西省工农银行旧址等景点，使这些革命遗址成为引爆乡村旅游的亮点，充分发挥革命文物拉动红色旅游发展的作用。

青原区还依托红色文化产业，深入挖掘革命文物资源，打造影视拍摄基地和艺术写生基地。近几年拍摄的《井冈山》《红色摇篮》《寻路》《爸爸去哪儿》等10多部大型影视剧和影视节目，都在渼陂、陂下等传统村落取景拍摄，既扩大了传统村落的知名度，又增添了革命文物的影响力，革命文物保护利用与红色旅游开发一同推进，取得了明显的经济效益和社会效益。

青原区富田镇富
田公社阶级教育
展览馆

青原区富田镇的
农家书屋

青原区富田镇的
村民活动室

五 革命文物保护与文化惠民工程统一布局

针对乡村公共文化设施少的情况，青原区将维修好的革命文物充分利用，将革命文物保护与文化惠民工程统筹考虑、统一布局，做到革命文物修缮到哪里，文化惠民工程布局推进到哪里。一是对革命文物进行展示利用，或复原陈列，或展示展览，讲好革命故事，如永慕堂、将军馆、村名馆、陂头"二七会议"陈列、万寿宫渼陂红色革命历史展、祠堂图片展、红军标语展等遍布于村落之中；二是将革命文物变成公共文化服务设施，如东固革命旧址、渼陂红四军军部旧址、渼陂万寿宫江西省苏维埃政府旧址、王家诚敬堂、赣西南苏维埃政府旧址等一大批修缮后的革命遗址，成为乡村公共文化活动的主要场所。尤其是陂下古村革命遗址众多，维修后的革命文物成为文化惠民的主要阵地。农家书屋、农民剧团、农村留守儿童中心、文体活动室、老年人活动室、农村医疗室、电商平台、游客服务中心等文化惠民设施办得生机勃勃，深受老百姓欢迎。三是鼓励原住村民返迁居住或将房屋出租开展商业活动，也鼓励各种形式的社会力量入驻革命遗址，比如设立红色历史展示馆，开办红色培训中心，设立非遗展示馆及非遗传习所，展示非遗传承场景，设立图书馆分馆、红歌会排练场所、社区居委会等。这样既为社会机构提供了场地场所，又解决了文物点多、面广、管理难的问题。

"问渠哪得清如许，为有源头活水来"，青原区充分利用国家实施赣南等原中央苏区革命遗址保护利用工程的契机，以革命遗址保护利用为抓手，深入实施革命文物保护利用"五个一"工程，将革命文物保护利用与传统村落保护利用相结合，整体打造，相得益彰，探索并走出了新时代革命文物保护利用的青原模式，让革命文物在传统村落间活了起来！

青原区文陂镇渼陂古村

经验篇

在革命文物保护利用的实践中，江西省除了创造性地总结出瑞金、金溪、宁都、青原四种保护利用模式外，各地还因地制宜地探索形成了一批保护革命文物、传承红色基因、助力革命老区脱贫攻坚、促进乡村振兴的颇具价值的新思路、新经验。

吉安市井冈山红色景区"胜利的号角"雕塑

保护维修

整合资源　营造特色

余江区画桥镇是鹰潭市推出的重点红色景区，余江区领导高度重视，区委、区政府成立了以区委书记为组长的革命文物保护利用工作领导小组，扎实推进革命文物保护工作，形成区、镇、村三级联动机制。一是注重以

余江区画桥镇革命烈士陵园中举行的新兵入伍仪式

红色文化为主题，通过开展革命传统教育活动和文物保护法律法规的宣传活动，不断提升革命老区群众的文物保护意识，营造浓厚的文物保护氛围。二是编制保护规划和维修方案，将革命遗址修缮与古村落保护、红色旅游、宅基地制度改革、秀美乡村建设等有机融合。充分发掘红色历史事件和文化遗存，充分营造革命遗址群红色景观，将红色遗址、绿色乡村与历史风貌进行整体呈现，并利用镇、村交通干道形成观览线路。同时十分注重每个红色景点的特色打造与利用，将青少年爱国主义教育内容和革命遗址紧密结合，突出展示令人印象深刻的红色史迹，推动各景点的红色展陈工作，让红色基因的传承深入青少年心中。三是加大革命文物保护利用资金投入。近年来，在争取国家修缮资金1000万元的基础上，整合新农村建设、秀美乡村建设、公路交通、危旧房改造、民政民生等方面资金以及社会捐赠资金3000余万元，形成了多元化的资金投入机制，为余江区画桥镇革命文物保护利用提供了强有力的资金保障。

科学设计　合理维修

余江县苏维埃政府大会堂旧址位于余江县画桥镇画桥村，原为杨氏宗祠，始建于清代，是一座两进的四合院，面积约850平方米。中共余江县委、县苏维埃政府成立后，政府机关就设在这座祠堂内。祠堂内搭建有木质大戏台，院内能容纳观众600余人。中共余江县委、县苏维埃政府凡是召开重要的大会、举行大型文艺演出都在此处。余江县苏维埃政府大会堂旧址总体布局基本完整，但地面、墙体、柱、梁枋、楼板、楼楞、门窗、地栿、木板壁、竹编壁、天花、撑拱、椽条和瓦面等都有不同程度的残损。根据残损状况及文物维修原则，当地政府对余江县苏维埃政府大会堂旧址进行全面揭顶维修和局部复原修缮。

整个屋顶瓦面揭顶重新铺盖，拆除小青瓦，恢复原缸瓦。针对地面残损情况，铲除地面表层腐土、青苔、杂草，重新平整、夯填三合土地面，部分地表青砖按原规格尺寸订制并重新铺墁。同时为确保地表排水畅通，挖除旧址前被填高的地面，恢复原标高，在旧址前两侧埋置出水管道，整治旧址四周明沟，清除杂草，掏取淤泥，修葺沟壁，齐整沟沿。针对墙体残损情况，加固并拨正倾斜墙体，铲除墙面加抹的水泥砂浆粉刷层，恢复清水墙面原貌。柱、梁、枋、檩、门窗、地栿、木板壁、竹编壁、楼板、楼楞、栏杆、天花、藻井、雀替、撑拱等木构部分，均使用相同材质，遵照原有工艺形式，采用打牮拨正、剔补加固等方法进行修复，力求修旧如旧。同时为了更好地保护木构件，使其延年益寿，所有木构件均在表面刷两遍熟桐油，再退光作旧。维修中，还对所有木构件进行了防虫防腐处理。

余江区画桥镇苏维埃政府大会堂旧址

赣州市 于都县

加大宣传　提高文保意识

保护文物，人人有责。为提高社会文物保护意识，于都县做到了"三到位"。一是发放到位，在每年的文化工作会议、乡镇赶集日、传统节日、法定节假日等向全县人民发放文物保护单位名单和不可移动文物名录及《文物保护法》。二是宣传到位，充分利用"5·18"国际博物馆日、文化遗产日、法定节假日等，张贴宣传标语、播放红色影像、讲红色故事、推出文物保护精品展，并借助各媒体平台进行革命文物保护宣传。三是责任

于都县红四军军部旧址中举办的艺术展　　　　于都县中共瑞西县委旧址前的游客

于都县于北特区革命军事委员会旧址

到位，对县级以上的重点文物保护单位落实责任到人，并悬挂保护公示牌及责任人联系方式，对重点文物每月进行一次安全检查。

拓宽思路 多渠道筹资

革命文物的保护利用需要强有力的资金支持。对此于都县拓宽思路，积极争取国家与社会两方面的资金助力，为革命文物的保护利用提供坚实的后盾。一是努力向上争取资金，2014~2016年于都县共争取赣南等原中央苏区项目维修保护专项补助资金3678.8万元。二是广泛动员社会捐资，利用红军后代、部队和有长征情结的社会群体来于都寻根或寻访先辈足迹的机会，动员其捐资对一些革命旧址进行保护。如李卓然之子李若谷来到于都后，得知其父在于都居住过的红五军团部旧址还保存着，立即向有关部门争取160万元资金对该旧址进行了产权置换和维修。三是鼓励民间筹资，充分集中当地乡贤和返乡成功人士的力量，对一些

▲ 于都县于北特区革命军事委员会旧址维修前

▼ 于都县于北特区革命军事委员会旧址维修后

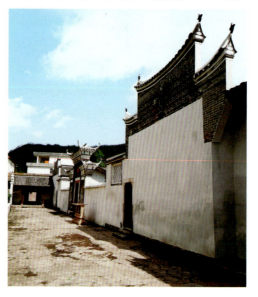

宗祠类的文物保护单位进行抢救性维修。如管氏宗祠等，都在当民间资本的支持下得到了很好的保护。

多方筹资　发挥集群效应

兴国县积极向财政部、国家文物局申报官田传统村落与全国重点文物保护单位集中连片、整体打造利用以及军工文化园建设项目，争取到专项维修资金 763 万元。

兴国县江西军区旧址陈展

同时，自 2011 年以来，兴国县积极争取社会力量支持，筹资 3000 余万元，拓宽了 319 国道至兴莲乡官田村的公路，新修了官田村的河堤和桥梁。并整合官田中央兵工厂旧址群资源，重点针对旧址群开展了保护维修、环境整治、陈列布展等工作，并通过群雕及人物塑像的形式进行了情景还原。

江西军区是中国人民解放军历史上的第一个军区。江西军区旧址既是全国重点文物保护单位，又是全国爱国主义教育基地。2017 年，兴国县积极争取南京军区支持，投资 2000 多万元，将革命遗址建设成为江西省军区学习教育培训基地，为县城又增添了一处重要红色景点。

签订协议　原址保护

瑞金市的革命遗址点多面广，大多分布在村落中，产权归属于当地村民。针对这种情况，在每个私有产权遗址维修前，瑞金中央革命根据地纪念馆都会协同遗址所在地乡政府、村委会、村民理事会和产权人召开座谈会，签订旧址保护维修利用协议，明确产权方对遗址加强日常管理、维护环境整洁及积极防火防盗的义务，解决在遗址内布设原状陈列、辅助展览及开展其他宣传利用活动时的保护管理问题。壬田中央第一劳动感化院旧址（钟唐公裔祠）签订旧址保护维修利用协议后，当地一些村民曾阻拦施工方进场维修，瑞金中央革命根据地纪念馆闻讯及时与当地乡政府、村委会、村民理事会联系，村委会、村民理事会根据情况向

瑞金市红四军部署大柏地战斗干部会议旧址维修前

各家各户进行宣传，同时，乡政府专门派驻了乡干部、派出所民警在文物点巡查，通过各方力量，杜绝了阻挠施工现象的发生，创造了安全施工的条件。村民理事会会长在对村民进行宣传时说：我们钟氏的宗祠是革命旧址，是我们族姓的荣耀，现在国家出钱帮我们维修，是天大的好事，一定要配合政府维修好旧址。

签订旧址保护维修利用协议是瑞金市在革命遗址维修实践过程中采取的一种有效措施与方法，不仅让产权人放心将遗址交给文物管理单位维修，更让产权人自动加入到文物保护工作中来。通过对革命遗址的保护维修和对村庄环境的整治，让村民感受到实实在在的变化，从而提高村民保护革命遗址的积极性，也增强了他们的文物保护意识。

吉安市 吉水县

提升保护级别　配备文物管理员

吉水县的革命遗址保护级别普遍较低，有的甚至只是文物点。为对文物本体进行更好的保护，吉水县积极与江西省相关部门沟通，将该县的省级文物保护单位由原来的 3 处增加到 16 处，其中属赣南等原中央苏区革命遗址保护规划范围内的有 12 处（31 个点）。与此同时，拟申报毛泽东同志吉水县木口村、东塘村、大桥村三大调查旧址与吉水县古城墙为第八批全国重点文物保护单位。

吉水县毛泽东同志东塘村
调查会议旧址

为使革命文物维修后能切实发挥作用，吉水县文物部门对每个已完成维修的革命遗址均配备了专门的文物管理员，签订文物管理协议书，并通过定期培训，使文物管理员掌握文物保护管理的安全知识；并制定应急预案，配置齐全消防器材，以确保文物安全。

出台文件　切实履职

为了更好地保护不可移动文物，杜绝在新农村建设、农村危房改造和"拆旧建新"工作中出现破坏、拆除不可移动文物的现象，2016年12月20日，借赣南等原中央苏区革命遗址保护和利用项目实施的契机，吉安市永新县人民政府办公室出台了《永新县人民政府办公室关于做好文物及特色古民居保护工作的紧急通知》，要求各乡镇、各部门进一步提高对文物保护重要性的认识，依法履行管理和监督责任，切实履行文物保护主体责任，

永新县湘赣省军区兵工厂旧址（彭贤祠）维修前

永新县湘赣省军区兵工厂旧址（彭贤祠）维修后

把文物工作列入重要议事日程。在此基础上，永新县还紧急下拨 500 万元专项资金，对 7 个古建筑类县级文物保护单位进行抢救性维修，取得了良好的社会效益。

抚州市 宜黄县

签订保护协议　化解产权纠纷

由于革命遗址产权情况复杂，为有效化解产权纠纷，宜黄县文物部门在修缮前先同遗址所在乡镇政府和村委会沟通，确定革命遗址的产权是国有、集体所有还是私有，然后根据产权归属性质制定修缮计划。如产权归属国家或集体所有，则由所在乡镇政府和村委会负责将遗址内的杂物进行清理，并指定专人同监理人员一起对修缮工程进行监督。如产权归属私人

所有，则由文物部门和所在乡镇政府或村委会同产权所有人签订文物保护协议书并签字盖章，并指定专人同监理人员一起对修缮工程进行监督，并承诺修缮后遗址所在房屋可由产权所有人继续使用。

妥善处理纠纷　保障项目实施

乐安县是原中央苏区的基本区域，是毛泽东、朱德等老一辈无产阶级革命家的重要活动地。乐安县红色底蕴深厚，保存有萧克旧居、农民协会旧址、红一方面军大湖坪整编旧址等众多革命遗址。这些遗址所在建筑大部分为祠堂，还有一些建筑中住有居民。因此在革命文物保护维修利用的过程中，出现了产权纠纷、住户安置和利益分配三个问题。为保障革命文

宜黄县东陂黄柏岭红色教育基地红军广场

物保护维修工作的顺利进行，乐安县采取了以下措施。

对工程主体出现的产权纠纷问题，乐安县采取"搁置争议，保护优先""无偿使用，共同保护"等办法，在与群众充分沟通协调的基础上，征得群众的理解与支持，使项目得以顺利实施；对于遗址所在建筑原住户安置问题，一方面结合棚户区改造，对产权户主进行棚户区改造经济补偿，另一方面结合保障性住房政策，优先安排文物施工户入住保障房；对利益分配问题，以"旅游 + 文物"的形式，把文物点建成旅游点，构建利益共享机制，让利于民，让群众从文物保护中获得实惠，从而对文物保护工作更加支持。

乐安县金竹村毛泽东旧居中参观的学生

上饶市
横峰县

法规保障　政府引导

近年来，横峰县委、县政府不断加大对革命遗址的保护力度，相继下发了《闽浙赣革命旧址群保护和利用规划》《关于加强全县革命文物保护管理的规定》《关于切实加强闽浙皖赣革命根据地旧址文物保护的规定》《闽浙皖赣革命根据地旧址群规划建设管理实施办法》等文件。县人大常委会还通过了《闽浙赣革命旧址群保护管理办法（试行）》等地方性法规。对葛源镇葛源村和枫树坞村两处保护控制区内拆旧建新建筑严格控制，要求建筑风格、形式、体量、色彩、高度不得违反规定，积极做好传统民居和老街区的保护管理，恢复原有的历史风貌。

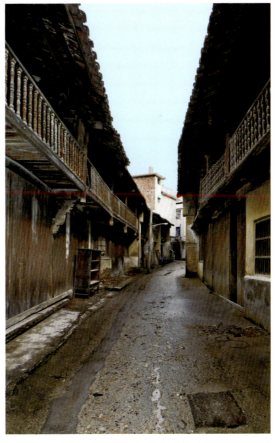

横峰县葛源镇闽浙赣省苏维埃银行旧址门前

　　葛源镇政府为引导保护控制区村民外迁建房，采取不收取审批费用的办法，并帮助外迁户寻找合适安置地，目前枫林村已有9户村民外迁建房，成效明显。对全国重要文物保护单位保护范围内的2户危房住户，镇政府劝其搬离现住房，并给予租房补贴。葛源镇通过与横峰县民政局沟通，争取县政府给予政策倾斜，将所有革命遗址现住居民纳入低保户管理，以争取低保户房屋维修资金和建房补助政策，解决维修资金不足的问题。目前已有近20户革命遗址现住居民被纳入低保户管理。另外，葛源镇还积极向上级争取搬迁项目资金，如老建移民扶贫搬迁资金、红十字侨爱新村捐助资金等，多渠道弥补外迁村民实际困难，以切实利益引导更多保护控制区村民到外迁安置点建房。

横峰县葛源镇闽浙赣省军区司令部旧址

横峰县葛源镇少共赣
东北省委机关旧址的
文物安全管理员

专人管理　强化保护

为了更好地保护、管理红色资源，横峰县在各处革命遗址设立了文物安全管理员。文物安全管理员均为革命遗址所在地有威望的人士，如老干部、老党员、老教师、理事长等。他们的工资视其管理的革命遗址数量和保护级别而定，但金额都不大，一处革命遗址的补助费用，最多每年 1000 元，最少每年 400 元。

这些由本地人担任的文物安全管理员，有威望、知民情，成了文物部门与革命遗址产权人沟通的良好纽带。横峰县文物部门也通过文物安全管理员，掌握了全县 95% 以上革命遗址的管理权。

此外，横峰县还公开招聘了 8 名大中专毕业生和 4 名退伍军人，与文物安全管理员共同组建了红色资源保护大队，制定每周至少 1 次的巡查机制，及时解决遗址保护中的各种问题。

兴国县官田村全景

管理监督

严格标准　做好准入工作

　　于都县在赣南等原中央苏区革命遗址保护利用工程项目的实施过程中不断总结经验，提高实施水平。严格要求把好前期基础工作的准确性。一是设计准确，预算编制前设计单位亲临现场重新勘察，强调图纸设计要接

于都县红色标语揭取现场

地气、注重细节、把握关键，尽量避免图纸变更的情况。二是预算准确，要求招标代理公司在看透图纸的基础上深入项目现场实地勘察，项目的"量"和"项"力求准确合理，预算编制完成后，对编制内容是否有缺漏项、项目单价是否合理认真核对检查，确保预算详尽准确。三是施工准确，要求监理单位在用料的数量方面对施工单位进行严格监督。

整体部署　加强项目管理

为把革命遗址维修好，保障赣南等原中央苏区革命遗址保护利用工程项目开展井然有序，项目实施伊始，于都县就对维修工作进行了整体部署。专门成立了文物重点工程领导管理小组，由县分管领导、主管单位及相关

于都县红三军团二师五团团部旧址维修前

于都县红三军团二师五团团部旧址维修后

成员单位组成，保障文物工程分工明确、配合融洽。为确保文物工程推进环环相扣，于都县专门成立了文物工程督查小组，对文物项目实行分片、分小组、分周期督查，确保工程质量及进度。还指定了专门的工程信息填报员及工程项目情况汇报员，负责信息的传达与填报工作，随时了解并汇总工程进展情况，进行总结归纳，动态把控、及时有效。

赣州市
兴国县

严把项目准入

兴国县严格按照国家文物局、江西省文化厅文件要求，每处革命遗址的历史沿革、重要事件等相关文字内容全部由县委党史办以及县内退休党

兴国县毛泽东长冈乡调查会会址　　　兴国县温玉成将军故居

兴国县李玉英故居　　　兴国县中央兵工厂枪炮科旧址

史专家签字盖章后上报。如2016年赣南等原中央苏区革命遗址保护利用工程项目红三军团部旧址位于枫边乡枫边村，原为阙氏宗祠。项目初定时，枫边村胡姓村民有争论说旧址应在胡氏宗祠，兴国县文物部门立即会同党史办和退休党史专家再一次到实地勘察，查阅县、乡革命史和苏区史资料后，最终确定该旧址在阙氏宗祠，进一步把好了项目准入关。兴国县上报的37处工程项目全部符合准入要求。

严控工程进度

为推进赣南等原中央苏区革命遗址保护利用工程项目的实施进度，兴国县整合文广新旅、财政、建设、国土等部门和相关乡镇的力量，从政策、

兴国县城岗白石中革军委旧址（兴莲毛泽东旧居）

机构、财力等方面重点关注项目开展，形成了"党政领导、文化主管、部门联动、社会参与"的项目建设工作格局。兴国县专门成立了以县委常委、宣传部长和分管副县长为正副组长的苏区振兴革命旧址旧居维修项目工作领导小组，制定了具体实施方案，明确时间节点、倒排工期、上下联动、密切配合，形成了强大合力，为推动确保项目实施进度奠定了坚实基础。如2016年度工程项目城岗白石中革军委旧址（兴莲毛泽东旧居）为当地黄

氏宗祠，产权情况复杂，建筑正厅归黄姓集体所有，而其余房间则归属个人。维修工程开工时，少数产权人不配合维修，阻挠开工，甚至与施工人员发生冲突，导致延误工期 20 余天。领导小组立即对兴莲乡政府下达了督办通知书，并责成县文广新旅、建设和国土部门，会同乡、村两级政府进行协调，对当事人宣传政策，明确措施，最终赢得当事人的理解与支持，使该遗址的维修保质保量，按时完工。

严把工程质量

百年大计，质量为本。2014 ~ 2016 年度兴国县共有 32 处赣南等原中央苏区革命遗址保护利用工程项目，为把好项目工程"质量关"，兴国县对每处革命遗址的维修均严格按照江西省文化厅要求，分事前、事中、事后三个环节监管。针对每处遗址存在的不同问题，开工前，施工单位、监理单位和业主必须到实地勘察，对照省里批复的维修设计方案、图纸和清单认真审核、逐项细化。施工过程严格按原貌、原工艺、原材料的要求进行，监理人员和业主工地代表长驻工地，对施工用材、工艺进行

兴国县江西军区旧址

常态化检验，对隐蔽工程现场拍照取证并存档。如 2015 年度的工程项目樟木乡塘埠村红三军团部旧址（涂氏家祠），施工时，文物部门发现其上厅屋面板瓦有相当一部分沟瓦（排水瓦）为红土烧制，盖瓦老化易碎，还有檩条大小厚薄参差不齐的现象，立即责成监理对施工单位下达了整改通知书，业主工地代表与监理全程监督施工单位拆除返工，对旧址上厅屋面板瓦和檩条全部更换。

严格工程验收

2014 年，赣南等原中央苏区革命遗址保护利用工程项目实施以来，每个项目竣工时，兴国县都要组织相关专业人员和监理人员，按照江西省文化厅《关于切实做好全国重点文物保护单位文物保护工程竣工验收工作的通知》中的工程验收规定，对照该项目设计方案、图纸和清单进行一次初步验收，将存在的问题逐项记录汇总后，由监理和业主单位下达整改通知书，要求施工单位限期整改，迎接市里的检查验收，并对验收后发现的问题再次整改，落实到位。如 2016 年度工程项目城岗白石中革军委旧址，

兴国县城岗白石中革军委旧址（白石毛泽东旧居）

赣州市文物局组织专家验收时，发现上厅屏风门板安装有误，下厅理应敞开的地方却安装了双合门板，赣州市文物局立即责成业主和监理现场监督施工单位及时按原貌全部整改到位。

严格项目管理

兴国县有 80 余处革命遗址，只有 30% 在县城及城郊，其余均分布在全县 25 个乡镇。为防止遗址名称相同难以区分，兴国县采取了在遗址名称前加上地名的办法，如兴莲毛泽东旧居、白石毛泽东旧居等。此外，兴国县还制定了严格的施工管理措施。开工前，督促施工单位事先成立项目部，制定施工安全措施、完善管理制度，严禁施工作业人员、管理人员进入工地吸烟，并要求进入工地人员佩戴安全帽，确保施工安全。同时，兴国县严格资金管理，积极配合县财政局对每个苏区工程项目的专项资金管理，严格按照财政部

《专项资金使用管理办法》合理拨付项目资金，每个项目均在预算通过县财政局审核后进行招标，竣工结算后结余资金由县政府统筹安排。在资金管理方面做到专款专用，没有截留、挤占和挪用现象。

专家现场指导　严格项目管理

为进一步提高、规范工程项目管理，瑞金市在维修施工过程中，严格遵守"修旧如旧"及"不改变文物原状"的原则，同时按照维修方案的要求，遵循维修程序、加强维修工程监管、注重工程质量，采用传统建筑工艺和

中华苏维埃共和国临时中央政府旧址（第一次全国苏维埃代表大会会址）

材料，恢复、保护遗址原貌，切实保护革命遗址及其历史环境的真实性、完整性。多次请江西省文物保护中心、省财政评审中心、赣州市文物局的专家到工程项目点进行指导，确保工程项目程序规范、管理到位、质量放心。壬田中央红军总医院旧址维修过程中，邀请了江西省文物保护中心专家到实地进行图纸会审，经过对房屋建筑的细致观察，专家认为维修设计方案存在较大缺漏，没有全面反映旧址的实际建筑结构，要求设计单位及时到现场对建筑板壁重新勘查，重新出具维修图纸，同时要求建设单位履行好相关程序。

建立项目台账　确保工程验收

瑞金市严格按照国家文物局对文物保护工程项目验收的要求，建立革命遗址维修项目台账，确保各项资料完整。根据施工单位提交的竣工验收申请，建设单位组织设计方、施工方及监理人员对项目工程资料及施工进行初验，全面核对维修方案的工程量、图纸、项目工作联系单等，检验施工材料及施工、监理资料，对施工工艺、施工材料中存在的问题限期整改。初步验收合格后，报上级文物管理部门组织专家组验收。

加强管控　确保质量

吉安县革命遗址田岸上红军指挥部旧址（两仪堂）维修工程于 2018 年 1 月工程开工，严格按照批复方案进行施工，并要求监理常驻施工现场，做到事前、事中、事后全程管控，确保工程质量。同时对施工单位、监理单位到岗人员进行经常性监督检查。

　　两仪堂由于建造年代久远，存在隐患很多，如木质结构老化、糟朽、劈裂，屋面变形，木架歪闪，墙体开裂甚至坍塌等，在施工过程中，对这些问题分别采用了有针对性的维修方案，遇到木构件糟朽、腐烂的情况采用抽换的方法解决；木构架歪闪但不需要更换或只需更换个别构件的，采用打牮拨正的方法进行维修；对于各类瓦屋面及屋脊、饰件等的损坏则采用粘补的方法进行修复，如有缺失或不能修复的则进行更换或拆换，拆换时对旧物件进行清理编码，分码使用。

　　在施工过程中，一旦发现问题，吉安县和监理方、施工方都会及时到现场查看，并就相关问题研究讨论，形成方案后整改。如在木构件制作过程中，发现木构件不符合规格，就立即要求施工方进行整改，要求所用木材必须符合工程

▲ 田岸上红军指挥部旧址两仪堂附属房走廊

▼ 田岸上红军指挥部旧址两仪堂屋门隔扇

对木材的要求，并且不能使用存在腐材、虫眼、弯扭的木材。同时要求监理单位必须加强对施工现场的监督检查工作，尤其加强对榫眼制作、榫眼搭接、入榫处木材与砖石衔接处的防腐处理这些细节部位的监督检查。通过督导检查等各种措施，各方各尽其职，合力打造民心工程、廉洁工程和放心工程。

严控投标企业资质

为保证革命遗址维修工程质量，吉水县要求凡是参与赣南等原中央苏区革命遗址保护利用工程项目投标的企业必须具备独立法人资格，且具有国家文物主管部门颁发的文物保护工程施工一级资质。施工单位拟派项目

吉水县公略县苏维埃政府旧址

负责人必须具备省级及以上文物主管部门核发的国家文物保护工程施工职业资格证书或参加过省级以上文物主管部门举办的文物保护施工项目负责人培训班。同时要求参与项目投标的企业必须在近五年承担过或招标过类似（质量合格且合同金额大于或等于 400 万元／标）的古建筑工程。对不符合要求的投标企业坚决禁止参与投标。

坚持文物修缮原则　确保工程质量

永丰县高度重视文化遗产保护，为保障革命遗址维修的工程质量，始终坚持"两个原则"：一是始终坚持不改变文物原状的原则。维修工作中

永丰县龙冈畲族乡中共苏区中央局旧址（罗家大屋）

以现存的有价值的实物为依据，尽量保存重要事件、重要人物的遗迹及历史上修缮、改建、重建后留存的有价值的历史信息，保存遗址原有风貌。二是始终坚持加固处理的可逆性和可识别性原则。同时在修缮过程中坚持做到"三保"，即保持原来的形制、保持原来的建筑材料、保持原来的工艺技术。龙冈畲族乡毛兰村的中共苏区中央局旧址（罗家大屋）始建于清乾隆四十九年，历时六年方成，设计精巧，建造奇特，有"外不见木、内不见砖"之誉，是当地有名的清代客家"豪宅"。在维修工作中，由于旧居原屋面做法存在漏水的隐患，村民建议使用 PVC 材料进行防水，但这样会改变原建筑的材料、工艺甚至外观，经过讨论与研究，决定坚持不改变文物原状的原则，没有采纳村民的建议。后经多次向村民耐心讲解古建筑修缮的原则和意义，最终取得了村民们的理解与支持，同意按原工艺维修。

专人负责　严格项目验收

2014~2016 年，万安县共有 27 处革命遗址被列入赣南等原中央苏区革命遗址保护利用工程。为保障工程质量，万安县文物局对文工程项目实行了分片专人负责制，建立由业主单位领导、施工单位负责人、监理单位、设计单位人员组成的维修工程微信群，要求施工方及时发布维修状况图片，以便了解维修工程动态，对施工中发现的问题及时整改，督导工程进度和维修质量。同时，要求监理人员、施工单位项目负责人常驻工地，对施工技术、施工材料等严格把控，工程管理小组每周最少进行两次现场督察，

万安县曾天宇烈士旧居的维修保护：❶ 维修前　❷ 房屋产权人承诺书　❸ 维修后

出现隐蔽工程、设计变更和增加工程量等情况时，必须由业主、设计、监理三方到场认定后方可施工。为了更好地保护和利用好这处革命遗址，万安县文物局还将维修项目工程管理费的 50% 以政府抄告单的形式下拨给项目所属乡镇，用于革命遗址的后续管理。

项目主体工程完工后，由万安县文广新旅局分管领导、县文物局主要领导、分管领导以及施工、监理、设计多方到现场进行初验，对发现的问题提出处理意见，要求施工方限期整改，整改到位后，向上级部门申请正式验收。对专家组验收意见也认真进行整改。目前，曾天宇烈士旧居、曾天宇烈士牺牲地旧址等革命遗址已顺利通过专家组验收，项目质量得到了专家组的认可。

做好"两个准入"

永新县赣南等原中央苏区革命遗址保护利用工程项目的准入工作主要包括两个方面。一是做好项目申报，工程项目严格按程序逐级申报，每个项目都要由县党史部门出具革命文物价值评估意见，确保维修项目符合"必须有重大价值、必须确需维修、维修后必须能够利用"的要求。二是选好施工单位，专项资金下达后，为确保项目的实施能严格遵循文物保护法律法规和上级相关文件的要求，县分管领导就工程项目实施方案多次与文化、文物部门进行研究讨论，并召集相关职能和监管部门就项目招投标召开标前会，主要对施工单位的资质及业绩要求、工程标段划分、工期、工程款支付方式、主要实施内容等方面的进行讨论研究，为工程顺利实施打下了坚实的基础。

严保工程质量

永新县文物管理部门为加强项目施工管理，专门聘请了一位具有丰富文物维修经验的从业人员作为文物部门代表，负责施工现场的管理，要求

永新县龙源口大捷旧址全景

这位施工管理员与监理人员一起驻守在施工现场，按照维修方案及图纸的要求，对维修工艺、材质、具体维修内容、施工安全等进行全程监督、把关，确保工程质量。同时坚决贯彻"修旧如旧"的文物修缮原则，确保恢复革命遗址原貌。如湘赣省委造币厂旧址（白口村龙氏宗祠），产权为旧址所在村集体所有。该建筑在以前的维修中改建较严重，主要是把门厅前檐的木柱拆改为砖柱，把左右侧廊的木柱改建为水泥柱，并把侧廊屋面拆改为混凝土浇筑。在维修工程实施过程中，当地村民出于使用方便和牢固性两方面考虑，坚决不同意将拆改的砖柱和混凝土屋面恢复成木质结构，个别村民甚至阻挠施工。为此，永新县文物部门到该村召集村民代表开会，晓之以理，动之以情，向村民宣传国家的文物保护政策和文物维修原则，最终做通了村民的工作，使项目得以顺利实施，恢复了旧址的原貌。

严格项目管理

永新县的革命遗址多为祠堂建筑，产权多为集体所有。为确保施工中的人员安全与维修后的文物建筑保护，永新县积极做好项目管理工作。一是施工期间，在遗址内严禁举办婚庆、祭祀、丧葬等相关活动。二是做好工程安全防护，要求悬挂安全网、张贴安全警示牌，施工人员佩戴安全帽，高空作业时系好安全绳。要求现场管理人员与监理人员切实加强施工安全的监督管理。三是在遗址维修后，加强与遗址产权所有者（或使用者）的

沟通，就文物保护的义务与责任签订合作性协议，如禁止在革命遗址里生火、赌博、开展迷信活动、堆放易燃易爆物品，并按维修方案要求配备消防灭火器等，同时制定文物保护管理制度并在旧址内张贴。四是在资金管理使用方面，做到专款专用、规范使用，没有发生一起截留、挤占和挪用的现象。

为了更好地保护不可移动文物，杜绝在新农村建设、农村危房改造和"拆旧建新"工作中出现破坏、拆除不可移动文物的现象，永新县于2016年12月出台了《永新县人民政府办公室关于做好文物及特色古民居保护工作的紧急通知》，要求各乡镇、各部门进一步提高文物保护意识，依法履行管理和监督责任，切实履行文物保护主体责任，把文物工作列入重要议事日程。同时，县财政部门紧急下拨200万元专项资金，对7个古建筑类县级文物保护单位进行抢救性维修。

以乡镇政府为责任单位　快速推进项目实施

南城县尧坊红三军团指挥部旧址和磁圭红三军团指挥部旧址均属赣南等原中央苏区革命遗址保护利用工程项目，为保证维修工作顺利展开，项目启动前，南城县对这两个项目进行了详细的调研，发现存在以下问题：尧坊红三军团指挥部旧址维修面积较大，约4600平方米，房屋结构复杂，各部位破损情况不同；涉及产权人数有35户，只有少部分居民在原址居住，其他住户或搬迁至他处，或外出务工常年不回，召集所有住户商议修缮事宜非常困难；文物内私搭乱建情况严重，恢复原有历史风貌困难重重。磁圭红三军团指挥部旧址距县城较远，位于深山之中，山路蜿蜒崎岖，交通状况较差；所在村空心化严重，常住人口少，涉及住户共有8户，均已外迁，房屋空置多年无人维护，损毁较为严重；方案制定时间与资金到位时间跨度大，原本的维修方案与现实状况脱节，资金不足。

　　针对以上情况，结合在以往文物维修工程项目中取得的经验与教训，南城县文物部门向县政府提出以乡镇政府为项目责任单位、县文物部门进行监管。经县政府研究，同意由尧坊红三军团指挥部旧址和磁圭红三军团指挥部旧址所在的天井源乡和株良镇政府作为革命遗址项目的实施主体，文物部门加强监管，共同做好革命遗址的维修工作。具体实施方法是：第一，将全部维修资金一次性由县文广新旅局向县财政请款，转拨至当地政府财政账户上，由当地政府按照有关规定统一调拨使用。第二，当地政府作为业主负责项目的招投标工作，文物部门根据相关规定，对招投标文件中设

南城县磁圭红三军团指挥部旧址

置的施工企业、工程监理资质提出要求并进行监督，以确保维修工程质量。第三，成立由当地政府、文物部门、村委会以及住户代表组成的维修工作小组，维修前一起做房屋产权所有人的思想工作，使其配合维修工作；就近妥善安置仍然在该建筑内居住的村民，使其在房屋维修期间生活不受大的影响；组织力量发动住户将放置在房屋内的家具、农用工具、柴火等物品搬离，确保在维修前做到所有房屋空置；并做好周边村民思想工作，使其不阻碍施工，确保维修施工队顺利入驻。第四，维修过程中，维修工作小组实时监督工程进度和质量，严格按照维修设计方案进行施工，并与村民协调拆除私搭乱建房屋，确保所有工作顺利开展。第五，维修工程完工后，文物部门负责组织相关专家对维修工程进行验收，对存在的问题提出整改意见，确保工程质量达到验收标准。

南城县的革命遗址维修工作得以快速推进且取得良好的效果，主要得益于三个方面。第一，当地政府与村委会熟悉当地情况，有良好的群众基础，及时联系全部房屋产权所有人，通过集中讨论、分析利弊、答疑解惑，取得他们的支持与配合。当地政府将房屋拆除与农村环境整治工作紧密结

南城县尧坊红三军团指挥部旧址维修中

合，给予被拆建筑产权所有人相应补偿，获得住户与村民的理解与支持，避免矛盾的产生。有了当地群众的积极配合，拆除私搭乱建房屋等工作也顺利解决。第二，维修工作小组在施工过程中，及时有效地帮助协调解决问题，保证了工程质量，加快了施工进度。磁圭红三军团指挥部旧址工程于 2017 年 8 月资金全部到位、10 月完成招标、11 月正式开工，2018 年 5 月完工、7 月通过验收，是全省同批最快完成的项目之一。尧坊红三军团指挥部旧址面积大、结构复杂，2017 年 8 月资金全部到位，亦于 2019 年 3 月完工、6 月通过验收。第三，针对维修工程出现更改和工程量增加导致资金不足的情况，为了不影响施工进度，乡镇政府主动配套了部分资金，县重点工程管理办公室也提前介入，做到边施工边审核，并积极制定预算，向县政府争取资金。这次文物维修，彰显了政

南城县尧坊红三军团指挥部旧址维修前

府保护文物的决心，也使更多村民了解到文物的价值，主动参与到文物保护工作之中。维修后磁圭红三军团指挥部旧址和尧坊红三军团指挥部旧址已经成为当地乃至全县的代表性建筑，吸引了更多的民众前去参观游览，有力地促进了文化旅游的发展，带动了当地经济的增长。

政府出资收购革命遗址产权

黎川县是原中央苏区"全红县"、闽赣省苏维埃政府首府所在地，第五次反"围剿"的主战场之一，保存有丰富的革命遗址。此次赣南等原中央苏区革命遗址保护利用工程项目中黎川县6处革命遗址进行了保护维修。为保障工程项目顺利实施，同时方便今后的利用管理，黎川县对这6处革命遗址全部进行了产权收购。日峰镇红七军团指挥部、政治部旧址和黎川县第一次工农兵代表大会旧址（邓氏家庙）位于县城规划区内，黎川县利用财政资金和棚户区改造资金，将其收归国有，并纳入到特色小镇和历史文化街区建设中来；位于华山场洲湖村的几处闽赣省委机关旧址则被收为乡政府资产，并与当地传统村落相结合，共同保护及开发利用。黎川县通过政府购买的方式，整合各相关部门的资金，把革命遗址维修纳入到棚改、农村环境整治和秀美乡村建设等项目中来，整合各方面资金解决居民搬迁、环境整治、综合利用等问题，最终使原中央苏区革命遗址保护与公共服务设施建设、爱国主义教育基地及旅游产业发展相结合，充分发挥文物的教育功能和其在构建社会主义核心价值体系中的重要作用。

黎川县湖坊乡营心村红军广场

黎川县第一次工农兵代表大会旧址

黎川县湖坊乡湖坊村中共闽浙赣省委省革委旧址

多方筹资　共同维修

　　铅山县地处信江南岸、闽北和浙西交界区域，保留有一批革命文物。在此次赣南等中央苏区革命遗址保护利用工程项目实施过程中，铅山县积极动员各方筹集资金，对维修工程严格要求，确保了项目工程的顺利进行。

　　在筹集资金方面，一是积极争取各级文物保护维修专项资金；二是地方政府安排预算，配套解决项目资金不足部分；三是发动房屋所有人筹集部分资金，共同投入到维修保护中。

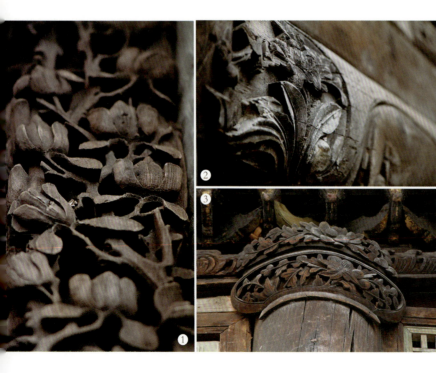

在文物维修方面，严格遵循"必须是革命遗址、必须有重大价值、必须确需维修、维修后必须能够利用"的原则，按照先集体产权、后个人产权的顺序与乡镇政府、村委会及个人签订保护利用协议。在文物维修前，请江西省文物保护中心编制文物维修方案，经专家评审通过后再进行施工；施工必须根据许可的维修方案、按照不改变文物原状的原则，以原工艺、原材料进行；要求施工单位项目负责人和监理单位监理人员常驻工地、认真负责、严格监管，项目竣工后及时组织专家进行验收；进一步加强革命文物的研究和利用，对革命遗址进行陈列展览，充分彰显革命文物的内涵，将其作为开展爱国主义教育和建设社会主义核心价值体系的载体。同时加大宣传推介力度，利用革命文物打造红色旅游项目，充分发挥革命文物推动经济社会发展的独特作用，促进地方经济又好又快发展，努力实现将石塘镇打造成"全国著名的红色旅游目的地"的目标。

铅山县闽浙赣省委联络处旧址（建昌会馆）维修后
❶ 雕花雀替　❷ 雕花阑额　❸ 雕花柱头　❹ 戏台建筑　❺ 描金雕花内额

上饶市
横峰县

革命遗址保护助力脱贫、改善民生

横峰县是国家级贫困县，全县总人口 22 万，"十三五"省定贫困村 32 个。2014 年底，横峰县建档立卡贫困人口达 22552 名。横峰县在赣南等中央苏区革命遗址保护利用工程项目的实施过程中，坚持与脱贫攻坚、乡村振兴相结合，与经济社会发展、民生福祉改善相结合，不断增强革命文化的生命力和影响力。针对农村贫困群众就业难等实际情况，横峰县设立了 64 个文物保护员，与文物安全管理员互助互补，并通过统筹扶贫资金，每月给予 300～600 元的公益性岗位补贴，2017 以来共计发放扶贫岗位资金 81.9 万元。针对革命遗址内居住的建档立卡贫困户，横峰县利用扶贫安居工程，采用异地危房改造、建设幸福楼等办法，让贫困户搬出遗址、住上楼房。同时，将革命遗址产权收归集体所有。

例如，葛源镇葛源村村民汪子阳，居住在省级文物保护单位反帝拥苏大同盟旧址内。夫妻二人年老体衰，家庭条件较差，被横峰县扶贫部门识别为黄卡贫困户（横峰县将贫困户分为红、蓝、黄三个等级，红卡为特别贫困，蓝卡为中等贫困，黄卡为一般贫困）。横峰县文物部门在维修该旧址前，充分与葛源镇政府沟通，争取到了扶贫安居工程指标，并在三个月内盖了一幢 80 余平方米的平房供汪子阳夫妇居住，新房布局合理、设施齐全。夫妇二人搬入新房后，县文物部门才开始实施旧址维修工作。维修工作完工后，汪子阳夫妇主动将原住宅——反帝拥苏大同盟旧址捐赠给县文物部门，以感谢文物部门对他们的关怀。

横峰县葛源镇镇口

黎川县黎川古城

利用展示

打造大展线　讲述革命史

　　安源是中国工人运动的策源地、秋收起义的主要爆发地之一。20世纪20年代，毛泽东、刘少奇、李立三等老一辈无产阶级革命家在此领导安源路矿工人运动，成立了全国产业工人中最早的党支部、全国最早的中共地

安源工农兵政府旧址　　　　　　安源秋收起义军事会议旧址

中共安源地委党校教室外的陈展　　　　中共安源地委党校内部陈展

方党校，被誉为"东方的莫斯科""无产阶级的大本营"。

安源工农兵政府旧址和秋收起义安源军事会议旧址是赣南等原中央苏区革命遗址保护利用工程中的项目。为更完整地展示安源地区的革命历史，更充分地利用安源的革命历史资源，在对这两处旧址其修缮后，将其与当地原有的全国重点文物保护单位安源路矿工人俱乐部旧址、安源煤矿总平巷、萍乡煤矿总局旧址（盛公祠）以及安源路矿工人运动纪念馆、安源工运时期廉政建设陈列馆等相结合，形成了讲述当地革命历史的大展线，既方便游客全面地了解安源路矿工人运动和秋收起义的历史，同时也借助中国共产党创办最早的党校——中共安源地委党校和廉政陈列馆开展革命传统教育和党性教育。

中共安源地委党校　　　　　　　　　安源煤矿（总平巷）

安源秋收起义军事会议旧址内部陈展　　　　安源秋收起义军事会议旧址复原陈列

湘乡市
芦溪县

村民自发宣讲革命史

湘东（萍乡）苏维埃政府旧址位于萍乡市武功山脚下的一个村子里，原为村民刘德茂家祖宅。刘德茂从小就听父亲多次讲述彭德怀、卢德铭、陈毅、王震等老一辈无产阶级革命家带领工农红军在此奋战，成功打击反革命军队的多次进攻与围剿，为创建苏区奠定群众基础的革命故事，深受感动，便自发去搜集相关史料和文物，以记录和传承这段历史。2018 年，湘东（萍乡）苏维埃政府旧址被列为江西省级文物保护单位，萍乡市文化

部门争取经费对遗址建筑进行了维修，当地政府也在遗址内作了复原陈列。陈列布置好后，几乎每天都有大批游客前来参观。

村民冯水妹是一位老党员，她的父亲很早就参加革命当了红军，她是听着红歌、唱着红歌长大的。在刘德茂的带动下，冯水妹等几位经历革命年代的老党员自发组织，在遗址门前传唱红色歌曲，传承和弘扬革命精神。近年来，随着武功山景区的旅游开发，这片山清水秀的红色土地上游客渐多。游人一来，冯水妹便主动为他们献唱红歌。自湘东（萍乡）苏维埃政府旧址被公布为爱国主义教育基地以来，每年要接待众多单位前来举行活动，而参与者跟着冯水妹唱红歌成了活动中的一门"必修课"。

冯水妹唱红歌

芦溪县湘东（萍乡）苏维埃政府旧址

没有围墙的干部学院

位于萍乡市莲花县坊楼镇沿背村的甘祖昌将军故居建于 1968 年，是甘祖昌将军和夫人龚全珍的居所。甘祖昌将军曾参加长征、抗日战争、解放战争，中华人民共和国成立后任新疆军区后勤部部长，1955 年被授予少将军衔，1957 年解甲归田。回到家乡后，甘祖昌满腔热情地投入了家

乡建设，和乡亲们一起，用辛勤的汗水为家乡做出了很大贡献。夫人龚全珍回乡后，担任乡村教师，几十年如一日，兢兢业业，教书育人，倾力捐资助学，扶贫济困。2013 年，龚全珍被评为第四届全国道德模范，受到习近平总书记的接见。

为学习弘扬甘祖昌将军精神，莲花县依托甘祖昌将军故居成立了甘祖昌干部学院，并全面整治村容村貌。与一般的干部学院不同，该学院的学员吃住在当地村民家中，在教学点集中上课，被誉为"没有围墙的干部学院"。目前，甘祖昌将军故居已经成为江西省著名的红色旅游景点，也是党员干部党性教育基地、党员干部廉政教育基地。每年都有大量的学员来到甘祖

采茶戏《并蒂莲花》

莲花县甘祖昌将军故居前的广场

昌将军故居参观学习，村民自发地在干部学院小剧场演出采茶戏。借助甘祖昌干部学院及甘祖昌将军故居的平台，当地发展了民宿、特产销售等产业经济，村民的日子一天比一天幸福。

此外，萍乡市还将修缮好的莲花县高滩行军会议旧址、引兵井冈莲花决策会议旧址作为中国井冈山干部学院和甘祖昌干部学院的现场教学点，使其成为开展党性教育的重要场所。

整体规划　典型展示

余江区画桥镇革命根据地是第二次国内革命战争时期闽浙赣苏区的重

余江区汪家塝赣东北红军指挥部旧址

余江区画桥镇闽浙赣苏维埃大会堂旧址

要组成部分，是由方志敏、黄道、邵式平等老一辈无产阶级革命家亲手创建的赣东北革命根据地中心区域之一。余江画桥革命旧址群内涵丰富，是一处集中展示革命根据地风貌和进行红色传统教育的热土。鹰潭市余江区对画桥镇保存的丰富的红色资源全篇谋划、整体规划，打造区域特色红色文化，并推出重点红色景点，对当地革命遗址保护利用起到引领示范的作用。

闽浙赣苏维埃大会堂旧址是画桥镇首推的红色景点。旧址内进行了精心布展，在不损坏原建筑的前提下，重点对"悲壮战歌"故事发生的戏台进行了情景复原。戏台上方挂有"省苏维埃政府欢迎新兵入伍慰问演出大会"横联，背景为中华苏维埃第一次全国代表大会授予方志敏的红旗勋章。两侧有故事发生当晚演出的节目单，并突出介绍当晚演出的主剧《年关斗争》。旧址内还恢复了方志敏居室以及县苏维埃政府办公室、伙房、厅堂会议桌等。遗址开放后，半年内就接待当地游客近万人，同时也成为市、县党建爱国主义教育基地，使人们在这里感受到了鲜活的红色文化与历史。

文化惠民　发展旅游

为加强革命文物的保护利用，贵溪市在加强革命文物本体修复的基础上，通过加大基础设施建设投入，将革命文物保护与文化惠民和旅游发展相结合，使革命文物活起来。

贵溪市周坊暴动黄道指挥部旧址位于周坊村邵家组中心小学内，面积145平方米。其前身为邵氏宗祠，目前仅存戏台部分，天井及后堂均已损毁，残留的戏台被小学围墙围挡。2015年，贵溪市对黄道指挥部旧址进行了部分修缮，2018年又投资200多万元在黄道指挥部旧址前新建占地2000多平方米的红色广场，将黄道指挥部旧址前部的小学围墙拆除，使旧址与红色广场连成一体。广场中间是黄道亲手创立的中国工农红军第七连人物

贵溪市周坊中心小学与黄道指挥部旧址

贵溪市周坊黄道指挥部旧址外部

贵溪市周坊黄道指挥部旧址内部（古戏台）

铜像，背后刻有红七连纪律条文；右侧是周坊暴动浮雕和方志敏、邵式平、黄道等老一辈无产阶级革命家简介。

维修后，黄道指挥部旧址、红色广场、中心小学三者相辅相成，作为白鹤湖—周坊红色旅游景区的景点之一，接待了大量参观游客；作为爱国主义教育基地，清明前后吸引了众多团体前来瞻仰；平时，还作为文化活动场所，用于学校的文艺活动以及当地的文艺会演等活动。

打造"红色＋绿色"旅游品牌

2015 年以来，会昌县对粤赣省委旧址、筠门岭镇会寻安中心县委旧址等 14 处革命遗址进行了保护维修，并充分利用红色资源优势，逐步形成了以粤赣省委革命旧址群为核心，以会寻安中心县委旧址和白鹅乡中央留守机关旧址群为南北两翼的革命遗址保护利用格局。

筠门岭镇会寻安中心县委旧址是第二次国内革命战争时期邓小平同志

会昌县粤赣省委旧址群

会昌县中央留守机关旧址
群众教育活动场景

战斗、工作、生活过的地方，也是中央苏区范围内规模最大、保存完好的一处邓小平同志的旧居。旧址维修后，为丰富旧址内展陈，会昌县积极挖掘邓小平在这里的工作经历，以充实邓小平主政会昌的历史史实，展示邓小平的执政智慧。此外，会昌县进一步挖掘筠门岭镇的革命历史，加强革命遗址与自然风景的串联开发，将会寻安中心县委旧址等革命遗址与盘山阻击战所在地盘山风景区、汉仙岩风景区相结合，形成以革命文物为支撑，集乡村游、文化旅游和红色教育为一体的"红色＋绿色"精品旅游线路。

打造特色教育小镇

2018 年，会昌县与北京和君集团合作，在白鹅乡梓坑村建设集教育培训、企业研发、文化创意、休闲旅游等为一体的"和君教育小镇"。会昌县以此为契机，在做好白鹅乡中央红军长征出发地旧址群修复工作的同时，挖掘留守中央苏区红军的革命历史，把革命遗址的展示与利用融入教育小镇建设中，并将革命遗址与白鹅钨矿相结合，展示钨矿贸易在苏区对外经济贸易中的独特历史地位，形成以红色教育为特色的教育小镇。

打造群众路线教育基地

2013 年，兴国县投资 8000 万元，以建成赣州市群众路线教育现场教学基地为目标，以长冈纪念馆为核心，依托毛泽东同志长冈乡调查的文献素材、革命文物等文化资源，打造兴国县乡村旅游景区和干部培训的生动课堂。2014 年 5 月基地全面建成，占地约 0.5 平方千米，建有 9 个现场教学点，即"一馆"（长冈乡调查纪念馆）、"三址"（列宁小学旧址、消费合作社旧址、毛泽东旧居）、"五点"（花生田、温玉成中将故居、马荣海故居、李玉英故居、樟树塘小桥），并通过新建游步道、木栈道、红色景观和小型广场，将一馆、三址、五点联结成一个整体，建成了约 2 千米的循环教学线路，形成了集参观学习、教学研究、革命传统教育于一体的群众路线教育实践活动基地。通过参观教学点、情景体验、听专题课等形式，使参观者重温毛泽东同志长冈乡调查的光辉历史，领会为人民服务

兴国县长冈乡调查纪念馆

的深刻内涵，彰显了"模范兴国"品牌效益，提升了兴国县文物综合利用的知名度和影响力。

打造"文物保护+"模式

于都县特别重视中央红军长征出发地纪念设施建设，不断拓宽爱国主义教育宣传渠道。毛泽东、周恩来等中央领导和中央直属机关长征第一渡口位于于都县城东门外，1934年10月18日傍晚，毛泽东、周恩来、朱德、张闻天等中央领导同志，以及中共中央、中革军委、红军总部、中央政府机关，在此渡过于都河开始二万五千里长征。现该渡口为全国重点文物保护单位和全国爱国主义教育基地。于都县在渡口左侧兴建了中央红军长征出发地纪念园和中央红军长征出发纪念馆，年接待观众近40万人次。

于都县中央红军长征出发纪念馆展览一角

为充分发挥"文物保护+"的模式,于都县解放思想,主动创新,推出"文物保护+长征源合唱团"模式,组建了以红军后代为主力的长征源合唱团,主打《长征组歌》,旗帜鲜明地宣扬长征精神。近年来,合唱团以中央红军长征出发地纪念园为主要宣传阵地,同时面向全国观众,沿着长征路线,奔赴北京、上海、广东等地宣传长征精神,演出300余场,荣获全国文化系统先进单位和全国三八红旗集体等荣誉称号。此外,于都县还推出"文物保护+文艺作品创作"模式,以革命遗址为素材灵感源泉,创作了一大批以长征为题材的文艺作品。如歌曲《红军渡长征源》《永远的红飘带》唱红全国,在中央电视台音乐频道数次播放;2017年还组织著名诗人到长征旧址采风,创作了20余首长征题材的诗歌。作品以各种形式展示,成为于都百姓新时代的文化滋养。

瑞金市 赣州市

革命遗址分类利用

瑞金市在对革命遗址维修后,全面推进宣传利用工作,根据遗址规模、结构和历史背景等情况,对其进行分类利用,取得了较好的效果。

象湖镇中国工农红军学校旧址是由五个宗祠共同组成,规模较大,当地百姓平时常在此举办宴席,院内堆放有不少杂物。该旧址维修完毕后,因建筑空间大、历史背景深厚,吸引了瑞金书画院进驻,由此成为瑞金艺术家创作基地、瑞金文化产业基地和书画艺术培训基地。瑞金书画院定期在遗址内举办相关主题的红色文化展览,一些瑞金当地的艺术家租用遗址中的房间作为工作室。正如一位艺术家所说：选择这里作为自己的工作室，主要是因为这里是革命遗址，能够使自己在创作上更有激情和动力。

叶坪乡瑞金中央红色医院创立于1931年，是中央苏区面积最大、水平最高的综合性医院。该医院旧址经维修保护后正式对外开放，旧址内办有专题展览及复原陈列，参观群众日渐增多，影响日益扩大，成为全国卫生系统革命传统教育基地。瑞金市委市政府还以该遗址为核心，在周边进行了基础设施建设，开发了以"医疗健康"为主题的扶贫项目，惠及当地群众。

提升布展　强化体验

2018年，为提升瑞金革命遗址景区布展陈列水平，增强景区观众体验，瑞金中央革命根据地纪念馆实施了瑞金红色革命遗址布展提升项目。该项目主要是通过原状陈列的升级、

瑞金市革命遗址布展提升项目：

❶ "第一次全国苏维埃代表大会"报到处雕塑
❷ 中华苏维埃共和国临时中央政府旧址复原陈列
❸ 中共苏区中央局旧址中的复原陈列
❹ 中共苏区中央局旧址中的智能讲解员

硅胶情景雕塑等艺术品的增设、新技术的应用等对瑞金革命遗址布展陈列进行整体提升。特别是在不改变革命遗址现状的基础上通过 VR、AR 等数字科技融合特殊的艺术形式，增强游客的体验感。例如，"第一次全国苏维埃代表大会"代表登记交互体验项目将登记场景的复原雕塑与触摸屏系统相结合，观众可根据触摸屏上的提示，通过摄像头和 AR 合成技术用自己的照片自动合成"第一次全国苏维埃代表大会"代表证，作为参观纪念。"第一次全国苏维埃代表大会"查询项目，主要是通过触摸一体机将"第一次全国苏维埃代表大会"的相关图文资料进行汇集整理，方便观众在参观遗址时查阅关于"第一次全国苏维埃代表大会"的历史资料，进行游学深度体验。智能讲解员项目，是通过红外感应设备自动对人体进行感知，激活屏幕内的三维卡通人物及图文，为观众讲解苏区革命故事。穿越苏维埃 540° 沉浸式裸眼 3D CAVE 空间体验项目，通过播放中华苏维埃共和国创建与发展历史的影片，使观众身临其境地感受革命历史。"畅游瑞金"VR 超级滑板项目是在虚拟空间中将瑞金市的各个革命遗址景区连成一片，通过滑板飞跃穿梭，让游客既能领略瑞金革命遗址的风采，又能体验惊险刺激的娱乐感。

挖掘遗址内涵　建设便民设施

为使维修后的革命遗址能发挥其应有的社会效应，吉水县对具备使用条件的革命遗址采取了一系列利用措施。如邀请省内高校、党校、科研部门

吉水县毛泽东同志东塘调查旧址内部陈展

等机构的专业人员深入细致地研读史料，挖掘革命遗址历史和文化内涵，提升其知名度；结合城乡环境整治工程，在文物周边建设文化广场等文娱设施，既改善了文物周边环境，又方便群众开展文体活动，提升了革命文物的旅游价值和文化价值。目前，毛泽东同志东塘村调查会议旧址已被列为吉安市委党校学员现场教学点，毛泽东木口调查旧址被作为吉水县广大党员干部的红色教育基地。吉水县还积极将革命遗址打造为农村公共文化活动室，配置象棋、跳棋、围棋、乒乓球桌等文娱活动器材和桌椅等设施，设置图书阅览室、农耕文化展示室等，为村民提供休闲娱乐、学习知识的场所。

依托革命文物　发展红色旅游

近年来，永丰县依托丰富的革命文物资源，大力发展红色旅游产业，初步建成了"龙（冈）—沙（溪）—君（埠）"红色文化旅游景区，积极整合"红、古、绿"旅游资源，精心包装设计旅游线路，推动全县旅游产业发展。在君埠红一方面军总司令部旧址、龙冈毛泽东旧居、沙溪红四军旧址维修后，及时在遗址内布置展览或将遗址建设成村史馆，充分发挥文物的社会效益。

吉安市 遂川县

开拓思路　探索分馆建设模式

遂川县博物馆在革命遗址的利用上开拓思路，发挥各乡镇的天然文化优势，形成独特的分馆建设模式，即在革命遗址维修完毕的基础上，再投入一定人力物力，与遗址所在地独特的文化资源（如堆子前镇的书院文化、新江乡的红六军团西征历史）相结合，将遗址打造成当地的博物馆分馆。

遂川县列宁小学旧址

到目前为止，遂川县已建设了七个分馆，分别是黄坑乡的"客家婚庆园"、西溪乡的"知青家园"、五斗江乡的"郭维经故居"、草林镇的"草林红色圩场"、左安镇的"遂川农博园"、新江乡的"横石长征纪念园"和堆子前镇的"燕山书院"。

七个博物馆分馆各有特色，既有依托遂川县红色党史军史的草林红色圩场、横石长征纪念园，也有展示当地特色客家生活风情的客家婚庆园、遂川农博园，还有历史悠久、古香古色的郭维经故居和燕山书院，以及独具当代史记忆的知青家园。各乡分馆建设是遂川县博物馆革命遗址利用拓展的重要抓手，每一处分馆都结合当地乡镇独特的风情文化内涵，既为乡村文化事业的发展作出贡献，也为遂川县美丽乡村建设添砖加瓦。各分馆在县、乡各级政府和县博物馆的支持帮助下，开展了许多具有建设性和创新性的活动。

整合资源　开展廉政教育

根据"红色街区"规划，遂川县将与遂川县工农兵政府旧址、遂川毛泽东旧居、遂川联席会议旧址毗邻的泉江小学改建成遂川廉政教育基地，

将遂川县廉政教育资源与红色教育资源进行整合,两者共同作为"红色街区"的主打品牌。观众在廉政教育基地接受教育后,可到遂川县工农兵政府旧址、遂川毛泽东旧居、遂川联席会议旧址接受红色历史教育,从而有效丰富和拓展了革命遗址的宣传教育功能。

吉安市 永新县

主动作为　融入大井冈红色旅游圈

近年来,永新县委、县政府将红色旅游开发作为政治工程、文化工程、惠民工程抓紧抓实,加大对红色旅游资源的整合力度。中共三湾乡支部旧址、龙源口毛泽东旧居两个遗址的所在地是贫困村,又是永新县的两个重点红色景区。永新县在对革命遗址进行保护维修的同时,切实

永新县三湾改编纪念馆和广场全景

做好景区周边环境改造以及三湾旅游服务区、三湾人工湖休闲区、龙源口桃花谷等建设项目，大力发展红色旅游，使三湾改编旧址景区、龙源口大捷旧址景区的红色旅游逐步走上了品牌化的路线，每年吸引大量游客前来参观旅游，接受爱国主义教育。如在龙源口毛泽东旧居里进行了复原陈列，并制作了"龙源口战斗图片展"，每年接待游客近5万人次。同时打造以三湾改编旧址为龙头，龙源口大捷旧址、湘赣省委机关旧址等为重点景区的红色旅游精品线路，使永新县逐步融入了大井冈红色旅游圈，使红色旅游逐渐成为永新县的一张靓丽名片。

整合旅游线路　打造"红色湖坊"

黎川县湖坊乡保存有许多与中央苏区闽赣省有关的革命遗址，有"红色湖坊"之称，也是抚州市爱国主义教育基地。湖坊乡湖坊村保存有闽赣省军区司令部旧址（吴氏家庙）、中共闽赣省委省革委旧址（龚家大屋）等革命遗址，湖坊乡营心村保存有闽赣省委机关旧址（娄家厅民居、张家大屋）等革命遗址，黎川县将这些革命遗址进行了维修与重新布置，并且在两村之间修建了红色广场和革命烈士纪念碑，作为连接两村革命遗址的纽带，将其整合为一条旅游线路，充分挖掘湖坊乡的红色文化，发展"红色湖坊"的旅游经济。

依托革命遗址　打造农村文化新阵地

近年来，乐安县坚持"保护原貌、有机更新、活态利用"的革命文物保护利用原则，秉承弘扬革命精神、继承传统文化的理念，统筹兼顾、合力推进、彰显特色，全力探索革命文物合理利用的最佳模式。

萧克旧居位于万崇镇池头村，1932年6月萧克率领江西军区独立第五师来到这里，留下了100多条红军标语。2017年8月，萧克旧居开放展览，

乐安县萧克旧居
中参观的学生

乐安县农民协会
旧址中的国学大
讲堂

乐安县红一方面
军大湖坪整编旧
址中设置的三老
理事会

乐安县毛泽东旧居参观人群

再现红军在池头村的革命活动，现已接待游客 2 万余人次。

农民协会旧址原为罗阳陈氏大宗祠，1930 年 8 月，为发动工农参加革命，万崇区委在陈氏大宗祠成立农民协会。乐安县因地制宜，在此举办"国学大讲堂"，组织中小学教师和老党员、老干部向干部群众和中小学生讲述中华民族名人故事，教授国学经典，开展"忠孝诚信、礼义廉耻"传统教育，学习传统道德礼仪、家训族规。"国学大讲堂"既传承了"溯本追源，传承家风家训，倡导仁孝礼仪"的优秀传统文化，又弘扬了当代先进文化。

红一方面军大湖坪整编旧址位于乐安县湖坪村、善和村。1933 年 5 ～ 7 月，红一方面军在乐安县湖坪村、善和村及永丰县藤田村进行整编，史称"大湖坪整编"。湖坪村、善和村现保存了红一军团旧址、红军宣传队旧址等 60 余处革命遗址。湖坪乡"三老理事会"利用这些革命遗址，向群众开展"倡导节俭办红白喜事""红黑榜评选""环境卫生评比"等移风易俗宣传教育活动，使文明新风在当地盛行。

乐安县还与中国井冈山干部学院等单位合作，以举办红军标语展览等形式，打造多个红色教学点，开展爱国主义教育，使革命遗址成为宣传教育新阵地。

做好革命遗址利用"五结合"

宜黄县作为原中央苏区县，先后获得国家重点文物保护单位专项补助资金 3650 万元，维修革命遗址 19 处。宜黄县文物部门在做好革命遗址维

宜黄县东陂黄柏岭红色教育基地草台岗战役纪念雕塑

修工作的同时，充分发挥革命遗址在当地经济社会发展，尤其是改善民生、促进城乡建筑、发展红色旅游、实施爱国主义教育、繁荣文化事业等方面的重要作用，做到了"五结合"。

一是与扶贫脱贫、改善民生相结合。由于历史原因，革命遗址多为民居或者村民集体使用建筑，这就使文物维修保护成为一项重要的民生工程。文物的维修保护起到了带动农村发展的引擎作用，一定程度上对革命老区基础设施薄弱、产业结构单一、生态环境脆弱等制约当地经济社会发展的问题起到了促进作用。

二是与爱国主义教育基地建设相结合。宜黄县进行维修的19处革命遗址中确定为爱国主义教育基地的有2处，尚在维修保护中的革命遗址拟确定为爱国主义教育基地的有1处。如宜黄县红一方面军军部会议旧址已成为重要的爱国主义和红色教育基地。

宜黄县棠阴镇革命遗址中的省级非物质文化遗产夏布织造技艺传习与展示：

❶ 过筘　　❷ 绩纱、授徒　　❸ 牵纱
❹ 上浆、授徒　　❺ 织布

　　三是与公共服务设施建设相结合。将一些修缮好的革命遗址作为图书馆（室）、非物质文化遗产展示馆、非物质文化遗产传习所、红色历史展示馆、村级文化活动室、农家书屋、文体活动室等公共文化场所。

　　四是与促进红色旅游发展相结合。宜黄县利用革命遗址发展红色旅游产业。将已维修完成和拟维修的革命遗址作为红色革命教育纪念基地，纪念基地与其他位于红色旅游景区内的革命遗址构成了红色旅游的重要资源。如利用中央苏区第四次反围剿"东陂黄柏岭红一方面军军部会议旧址"、红军住宿地和战场遗址群集中打造了红色旅游线，该线路现已成为宜黄县红色旅游的主要目的地。

　　五是与当地城乡建设相结合。将革命遗址修缮与古村落保护、红色旅游、美丽乡村建设、小城镇开发等有机结合，融入当地发展新业态，形成新的经济增长点。

上饶市 铅山县

用红色文化激发古镇旅游

铅山县石塘镇位于闽赣交界的武夷山温林关下，桐木江畔。明清时期，因是闽浙赣交界区域的商埠重镇而被人们称为"武夷山下小苏州"，至今仍保存三条古街区和大量明清古建筑，为中国历史文化名镇。土地革命和抗日战争时期，因地处信江南岸、闽北和浙西交界区域而为闽北苏区的桥头堡，留下了一批革命文物，是全国红色旅游经典景区。

近年来，石塘镇按照"依托武夷山水、彰显红色文化、突出时代特色"的理念，实施"红色引擎工程"，投入人力物力，挖掘和整合历史资源，维修了一批革命文物并将其辟为革命纪念场馆，用红色文化激发古镇旅游，古镇旅游呈现出良好的持续发展势头。

依托当地秀美的自然风光，石塘镇一方面封禁石塘河谷两侧山林，保护良好的生态环境；一方面结合秀美乡村建设，修建景观河堤，清理石塘河，让一城山色半城水的古镇呈现出"山姿巍峨水灵动，青山作画水为琴"的美丽景色。

铅山县黄道旧居门前

铅山县石塘镇上饶集中营士兵大队旧址

铅山县石塘镇新四军石塘整编纪念馆中的革命英雄长廊

为了让红色旅游更具历史文化内涵和底蕴，铅山县石塘镇深度挖掘商埠码头文化、"纸都"造纸史和民俗文化，石塘镇和石塘村分别被列为中国历史文化名镇、中国传统村落，石塘整编旧址被列为红色旅游经典景区。同时，石塘镇恢复了桥灯、船灯、中秋烧宝塔等传统民俗，建设了石塘纸都展示馆，按照不改变文物原状的原则修缮了三条老街区路面及宗祠、纸号、城门等一大批明清古建筑，呈现了商埠古镇的风貌。

此外，石塘镇还打造了新四军石塘整编纪念馆、上饶集中营士兵大队等红色教育场馆，通过文物能讲述革命历史，多渠道发挥革命文物的红色功能。

以红色文化为引领，历史人文为基础，青山绿水为烘托，石塘镇实现了革命文物保护利用"三结合"。一是结合古镇共同开发，在千年古镇中打造了五个红色场馆，让游客在游古镇看纸文化、茶文化和古建文化的同时，能够接受红色文化教育。二是结合党员干部教育，推出了"游古镇、缅先烈、比贡献"系列红色教育，与各级党校与工会联合开展活动。三是结合青少年研学活动，将整个石塘镇打造成一个研学基地，吸引各类学生来此参观。做到"在保护中利用，在利用中保护"的良性互动，走出了一条独具特色的发展新路。

新四军第三支队第五团

塘映大旗　集结共赴国难平

一页青史　今日洛笔雕兵雄

石含星火　燎原迎来神州赤

千山赤帜　当年挥戈陇倭寇

铅山县石塘镇新四军石塘整编纪念馆中的雕塑

共建共享　打造教育基地

横峰县在革命文物保护利用工作中创新思路，充分利用革命文物的教育展示功能，联合多部门开展共建共享活动，积极打造学习教育基地。

横峰县文物部门依托闽浙赣省委机关旧址，主动与对口的省、市各部门对接，举办"寻根可爱的中国"系列活动，开展革命文物共建共享活动，实行革命遗址认领，共有26个省、市、县对口单位认领了40处革命遗址。如闽浙赣省士兵投诚管理处与江西省委统战部，闽浙赣省四部一会与上饶

❶❷ 横峰县葛源镇闽浙赣省苏维埃银
　　行旧址复原陈列

❸❹❺ 横峰县葛源镇少共赣东北省委机
　　关旧址及其中设置的方志敏希望
　　小学素质教育课堂

市监察委员会，闽浙赣省苏维埃银行旧址与江西省人民银行，闽浙赣省总工会旧址与市县总工会，闽浙赣省裁判部旧址与上饶县检察院和法院等，均完成了认领，确定了各项合作事宜。江西省人民银行南昌市支行还与横峰县博物馆共同出资，对闽浙赣省苏维埃银行旧址进行局部复原和深化陈展，建成了全省首个"红色金融教育基地"。国家机要局和江西省委统战部，也拟于近期分别在闽浙赣省无线电队旧址和士兵投诚管理处旧址进行专题陈展。

横峰县文物部门与教育部门携手，在少共赣东北省委机关旧址内，为葛源镇方志敏希望小学配置美术室、实验室、音乐室、器材室、排练室等多个功能活动场所，并将全镇学生的少先队入队仪式安排在旧址内开展，带着孩子们追忆先辈足迹，重温革命辉煌，接受传统教育。2018 年秋季，横峰县葛源镇黄溪、清湖、石桥 3 所村级小学的千余名学生在少共赣东北省委机关旧址内进行了开学第一课。现在在这里每天都有排练，每周都有活动，每月都有主题教育，既解决了乡村的爱国主义教育基地建设问题，也使革命遗址得到了最大限度的利用，充分体现了习总书记让文物活起来的指示精神。

葛源镇小学生唱红歌

横峰县葛源镇方志敏希望小学学生的红歌合唱

江西省红色标语
普查和保护利用

　　红色标语是红色基因传承的载体，是见证中国革命历史风云的"活化石"。江西省遗存的红军标语时间跨度大、表现形式多、宣传内容广，为保护好这些红色印记，江西省文物部门从 2016 年底组织开展了红色标语普查和保护利用试点工作，已普查登记红色标语近万条，形成一批红色标语研究成果，正在着手推进全省的红色标语保护利用工作。

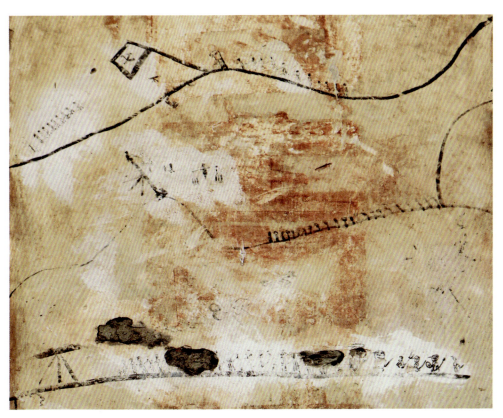

抚州市黎川县营心村闽赣省湖坊区委区政府旧址内墙上的红色漫画

红色标语保护工作总体情况

一 高度重视、加强领导

2016 年 7 月，习近平总书记在江西考察时特别指出对革命遗址和红色标语要保护好、利用好，中共中央办公厅和江西省委将红色标语的保护利用列为重点督查工作。江西省文化厅高度重视，立即就红色标语普查和保护利用工作专门召开厅党组会议研究，成立了红色标语保护工作推进小组，下设办公室统筹推进该项工作。同年 11 月，江西省文化厅下发《关于做好红色标语普查和保护利用专项工作的通知》，要求各地把红色标语普查和保护利用提到贯彻落实习总书记指示精神，提到讲政治意识、大局意识、核心意识、看齐意识，提到"五位一体"总体布局和"四个全面"

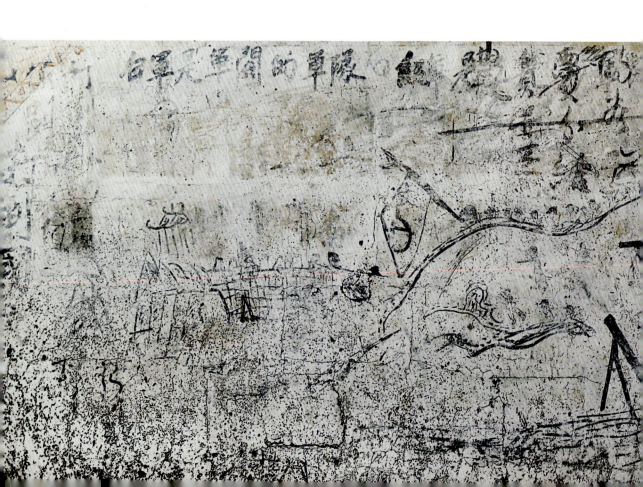

战略布局的高度来认识，将红色标语保护利用列为重点工作扎实推进。12月，再发《江西省红色标语保护利用试点工作方案》，明确红色标语保护利用的重大意义、目标要求、保护思路、利用原则、鉴定定级和相关责任等内容。之后，与江西省财政厅协商，连续3年从基层文物保护资金中安排10%~20%予以保障，总计1880万元。期间，江西省文物局加强督促检查，分管领导和相关部门负责人分别带队实地督查，切实掌握工作进展，指导地方开展红色标语普查和保护。各地高度重视，加强组织领导，把红色标语保护纳入当地政府议事日程。所有试点县市都成立了以分管副县长或宣传部长为组长、相关部门和各乡（镇）为成员单位的红色标语保护利用工作领导小组，明确工作职责，建立健全工作制度。江西省乐安县以县委、县政府名义下发了《乐安县红色标语保护利用工作方案》，明确普查、考证、

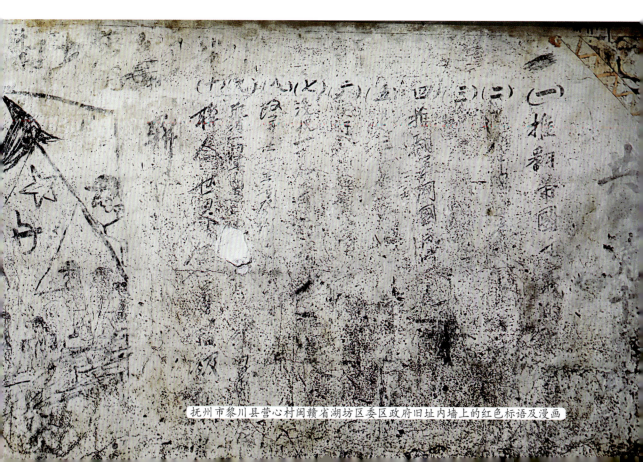

抚州市黎川县营心村闽赣省湖坊区委区政府旧址内墙上的红色标语及漫画

建档、挂牌、展示的时间表、基本原则、工作准则，召开全县红色标语保护工作动员部署会，把红色标语保护工作列入各乡镇工作考评项目之一，形成一级抓一级、层层推进、上下联动的工作格局；于都县将红色标语保护纳入精准扶贫土坯房改造及乡村振兴的总体规划；修水县多次召开乡镇分管领导和乡镇文化站长会议，倡导全民参与普查。

二 组织普查、试点先行

一是按标准要求开展普查。为全面掌握江西省红色标语的基本情况，江西省文物局要求各级文物部门按照依附在不可移动文物建筑上、依附在非文物建筑构筑物上和已入馆藏三种不同形式对红色标语开展普查工作，普查登记内容包括地理位置、依附建筑物的类别与级别（依附在文物建筑上的红色标语）、红色标语级别（馆藏的红色标语）、标语内容、数量、载体、书写材料和保存状况等，并将红色标语普查纳入月报制度。截至2018年底，江西全省普查登记的红色标语共计9798条，其中依附在文物建筑上的7733条，依附在非文物建筑构筑物上的1960条，入馆藏的105条。

二是开展普查保护利用试点工作。鉴于江西省红色标语普查保护利用涉及面广、任务重，且无成熟的保护技术，为避免红色标语遭受保护性破坏，决定采取先试点，待取得一定经验后再全面推广的办法。按照红色标语数量多、保护力量相对强的原则，江西省选取吉安市青原区、赣州市于都县、抚州市乐安县、上饶市横峰县、九江市修水县、宜春市铜鼓县、瑞金中央革命根据地纪念馆、井冈山革命博物馆8个地区及单位作为试点。并成立由来自中国人民军事博物馆、江西省委党史研究室等单位的24位专家组成的江西红色标语保护利用专家组，指导各地开展红色标语保护利用试点工作。8个试点立足实际，突出重点，有序推进红色标语普查和保护工作。

普查人员在赣州市于都县红四军政治部旧址（毛泽东旧居）进行红色标语数据采集

2017 年 1 月底，所有试点均已制定具体工作方案，组建由文物、党史、军史、地方志等相关部门组成的普查队，走村串户开展深入细致的实地普查、影像拍摄、文字记录工作。2018 年，在摸清江西省内红色标语基本情况和保存现状的基础上（8 个试点标语数量 5567 条，占全省的 56.8%），大部分试点已开展技术保护和研究展示利用工作。

三 因地制宜、有效保护

一是有针对性地进行保护。因红色标语保存形式不同，依附载体性质不同、珍贵级别不同，江西省文物局指导各试点单位区别不同情况，采取不同保护利用措施：对依附在文物建筑上的红色标语，采取通过保护文物建筑的方式加以保护，并在原址进行展示；对依附在非文物建筑物、构筑物上的红色标语，根据其级别、保存现状等情况，有针对性地采取不同的保护手段，确保红色标语得到有效保护；已入博物馆（纪念馆）馆藏的红色标语，及时做好定级、技术保护和展示利用工作。

二是摸索保护修复方式方法。由于国内对红色标语保护尚无统一技术标准，一般对不可移动的红色标语修复保护项目均持谨慎态度，江西省文物局积极探索并大胆实践，如江西省博物馆专家学习借鉴北方壁画保护方法，在修水县等地进行长达半年的物理化学测试，研究出通过加注法加固墙体以保存红色标语的方法；横峰县依托相关科研机构对县境留存标语进行样品采集、物理性能检测、化学风化分析、生物风化分析、空鼓分析等一系列数据采集工作，在保护实验室进行了一系列化验和实验，并对其中两处进行现场局部试验研究；于都县依托相关科研机构对依附在非文物建筑上且集中成片的红色标语进行修复保护；青原区依托相关科研机构对东固畲族乡东固红三军团驻地旧址等三处有红色标语的革命遗址进行了建筑本体抢救性保护；瑞金中央革命根据地纪念馆联合相关机构开展研究性修复工作，为依附在 1 处省级文物保护单位和 1 处县级文物保护单位上的红色标语编制了技术保护方案；井冈山革命博物馆联合相关机构编制了《井

抚州市黎川县营心村闽赣省湖坊区委区政府旧址外墙上的红色标语

抚州市黎川县营心村闽赣省湖坊区委区政府旧址内墙上的红色标语

冈山市拿山红军标语保护施工技术方案》和《井冈山会师纪念馆红军标语保护保养方案》。

四 展示利用、传承基因

为了让红军标语"活"起来，各试点地区及单位主要从四方面展开工作。

一是编辑出版。《红色印迹——赣南苏区标语漫画选》《赣南苏区标语整理与研究》《红旗漫卷烽火路——见证历史的抚州红军标语》《乐安红印》《乐安红军标语精选》《历史印迹——修水红色标语集锦》《红色记忆 永放光芒——青原区红军标语撷英》《岁月留痕——井冈山红色标语选》陆续刊印。

二是陈列展览。抚州市乐安县筹建多处红色标语展览馆，其中在乐安县博物馆举办的"千条激情红标——乐安县红军标语展"分九大主题，展出红军标语130条，累计参观人次近5万；在总节孝祠和子祥公祠举办中国工农红军第一方面军大湖坪整编陈展。为打造"红军标语第一县"，抚

赣州市于都县红色标语修复工作

州市乐安县还投资 2000 万元，即将在国宝公祠建设红色标语展览馆，作为全县重点工程；宜春市铜鼓县、上饶市横峰县、吉安市青原区举办"红色标语展"，到县城人流密集区和乡镇（场、办）进行流动巡展；赣州市计划在新设立的中华苏维埃共和国历史纪念馆中布置全省红色标语展。

三是社会教育。上饶市横峰县文物部门与党史部门密切合作，编写了《方志敏书写红色标语》《闽浙赣省无线电队中的红色标语》《满门忠烈程伯谦》等一批红色标语故事，利用县委宣传部牵头成立的"红色故事宣讲团"，上机关、下厂矿、进警营，讲述标语故事、宣传革命精神，并成功将红色标语有关图片和内容纳入地方本土教材《幸福新横峰》，实现红色标语进课堂。

四是充分利用。革命遗址中的红色标语经有效保护后大都布置复原陈列，或设立非物质文化遗产传习所、客家民俗博物馆、学生文化艺术培训

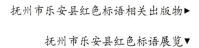
抚州市乐安县红色标语相关出版物▶

抚州市乐安县红色标语展览▼

基地等，这些革命遗址已成为开展爱国主义教育和研学旅游的重要场所。赣州市于都县安排 1475.5 万元，使 6 处濒临倒塌的民宅因红色标语得到维修后，不仅被公布为县级文物保护单位，而且成为旅游景点。

保护利用初步经验

经过两年多的有益实践，江西省特别是试点县市在红色标语的组织领导、普查登记、鉴定定级、技术保护、陈列展示、合理利用等方面积极探索，总结提炼了一些工作思路和特色做法，梳理出了 "高、细、抢、实、广" 五条主要经验。

一 宣传动员意在"高"

利用标语进行宣传是中国共产党和红军的一大创举，当年红色标语对扩大政治影响、争取广大群众发挥了重要作用，有"一个标语抵得一支红军"之说。现存的红军标语是不可再生的珍稀文化遗产，也是中国共产党极为珍贵的精神财富。红色标语看似简单，但意义重大，在宣传时一定要提高政治站位，通过广播电视、网络平台、报刊图书、板报横幅等多种形式进行全方位宣传，使红军标语保护深入人心。

抚州市乐安县发放宣传单 3000 多份，挂牌 106 处红色标语保护建筑，张贴保护公告 10000 份。出台《乐安县红色标语认保工作方案》，签订认保协议书 26 份，明确认保人保护红色标语安全责任，落实防火、防盗、防屋面漏雨等安全防范管理措施。26 个单位或个人自筹资金 120 万元，对 26 处红色标语依附建筑进行维修和管理。吉安市青原区组建了 8 支红色标语保护宣传工作队伍，统一穿着红色标语保护宣传员服装，将设计的 22 条红色标语保护宣传下发到各乡镇村张贴悬挂，以标语宣传来营造红色标语保护氛围。九江市修水县召开户主会议，对红色标语所依附建筑的产权所有者开展红色标语保护的宣传教育。

二 普查登记贵在"细"

红色标语包括中国共产党及其领导的人民军队书写绘制在各种建筑物、构筑物上的标语、纪事、口号、宣传画、漫画等，以土地革命战争、抗日战争、解放战争时期留存的红色标语为采集重点，兼顾其他时期具有重要历史价值的红色标语。标语普查时一定要及时组织专业人员深入现场进行影像采集、辨识归类工作，系统地保留红色标语资料，并及时悬挂保护标识，同时，通过走访群众、查阅资料等方式，及时针对红色标语的内涵、背景、价值展开研究。

抚州市乐安县红色标语
保护相关文件

赣州市于都县抽调基层普查工作经验丰富的人员组建红色标语普查工作队，明确时间任务，通力配合，从标语的识别、摄像、测量、绘图、登记 5 个环节做细红色标语普查工作，确保数据准确。上饶市横峰县对每一处红色标语都进行了拍照、定位，标注了周边环境、标语载体、字径、尺寸、内容、

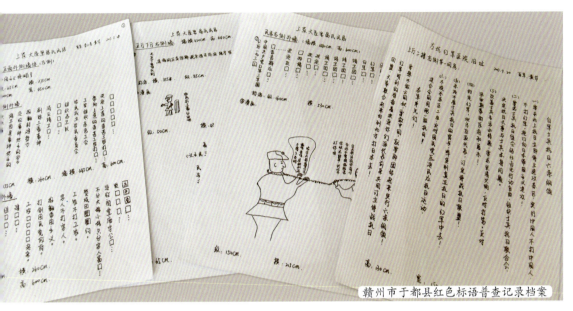

赣州市于都县红色标语普查记录档案

所用颜料以及标语本体和载体病害状况等信息，形成了普查文本《横峰县红军标语保存情况调查》，为下一步技术保护工作的开展打下了良好基础。抚州市乐安县规范红色标语普查认证工作流程，建立普查例会制度、党史考证制度，以红色标语的完整性优先、内容重要性优先、字体优美性优先、落款单位级别优先、字迹清晰度优先、独特唯一性优先为条件，初拟出红色标语级别甄选标准。

三 标语留存还得"抢"

由于年代久远和自然环境影响，不少红色标语已破烂不堪，表面污损、字迹风化褪色、裂隙、地仗层脱落、墙体空鼓、生物病害等情况相当严重。而且在新农村建设、圩镇改造和扶贫攻坚等过程中，一些老房子逐渐被拆除，附着在墙面上的红色标语随之灭失，红色标语保护形势十分严峻。各级文物部门应勇于担当，主动作为，以时不我待的精神抢救保护红色标语。同时，要借智借力，积极开展红色标语保护技术研究，更要建立科学发展、整体系统、社会参与的红军标语保护体系。

　　在 2017 年空心房整治期间，赣州市于都县动员全体机关干部分片包干，争分夺秒地对 23 个乡镇的红色标语进行不留死角的拉网式初步普查，随后再由专业普查工作队进行数据采集登记。对上报的标语信息，实施接访第一责任人制度，并确保 24 小时内派人到现场踏查评估，提出保护意见；对新发现的有重要保护价值的红色标语遗存，及时悬挂临时保护标志牌，坚决杜绝错拆误拆；对濒临倒塌的红色标语，列入抢修范围，积极向政府争取资金；对利用困难、保护难度大的标语，马上联系相关专业公司进行揭取处理。同时主动与县政协沟通，对全县的红色标语和革命遗址保护现状进行调研，调研报告递交政府作为相关政策决策依据；主动与财政、审计等相关部门沟通，标语保护预算编制采取询价处理，在程序未走完的情况下允许安排专业人员入场抢救加固房屋本体，防止出现未保先倒的现象。

赣州市于都县土围红色标语普查及调研工作现场

四 推进保护重在"实"

红色标语保护要结合当前文物工作要求，采取切实有效的措施予以推进。应将红色标语的保护利用纳入文物保护规划范围，纳入国家重点文物保护项目范围，纳入革命文物保护经费需求规划范围，纳入赣南等原中央苏区革命遗址保护利用工程范围，纳入基层文物保护工程范围，纳入当地文物保护工程范围，纳入当地政府工作范围，纳入馆藏文物保护展示范围，使红色标语得到有效保护展示利用。

抚州市乐安县将红色标语保护与传统村落、秀美乡村、村级文化活动中心建设相结合。在村庄整治中对有红色标语的建筑挂牌保护，在村庄规划时以红色标语建筑为中心进行路面改造和绿化。整合村级文化活动中心和农家书屋资源，将万崇镇池头村秀挹南山宅等16个红色标语较多、较珍贵的建筑改造为村级文化活动中心和农家书屋，安排了16名残疾人员进行管理，既为贫困村民提供了工作岗位、拓展了村民的文化活动，同时也有效保护了红色标语。将红色标语保护利用与赣南苏区古建维修项目相结合，对部分红色标语所依附的建筑进行了抢救性保护，政府投入资金1000万元，对红一方面军旧址、蓝科进公祠等6处红色标语依附建筑进行维修。

九江市修水县加大对红色标语的巡查管理，坚持每半年查看一次；加强对红色标语所依附建筑的日常维护和管理，采取奖补的方式，与当地政府协商确认建筑所有权者或看管人，并签订日常养护管理协议书，加大资金投入，确保保护有效。

宜春市各县(市、区)文物部门与产权人签订了红色标语保护协议，

抚州市乐安县红色标语保护建筑挂牌

实行就地保护原则，要求产权人对红色标语遗址内的文物和标语全天候进行保护管理，及时了解周边建设情况，避免破坏革命遗址历史风貌及附属设施的情况出现，要求遇到问题必须第一时间报告文物部门，共同商议。在新农村建设和旧房改造中，一些老房墙体上有红色标语，会单独把墙体留下来保护，有的还在四周增加围护；有些为墙体增加了滴水檐或玻璃保护罩以保护标语；对于一些不清楚的标语，还邀请相关专家进行修复，在行政村发动村民成立文物保护理事会。

上饶市结合各革命遗址及红色标语分布的实际，在有些红色标语遗址上增设了防火防雷设备，建起了监控设施，完善了文物安全管理员队伍，实现了对所有红色标语文物点的安全管理全覆盖。

抚州市乐安县江西保卫局旧址（蓝科进公祠）外墙上的红色标语

五　合理利用路要"广"

红军标语是革命先辈们留给我们的宝贵遗产，加大保护力度，目的是更好地发挥其证史、资政、育人的作用，使保护成果更多惠及人民群众。在保护基础上要灵活利用，让红色标语遗址成为公共文化服务场所，不断满足群众的文化需求；灵活融入，让红色标语遗址纳入乡村振兴总体规划，为乡村旅游注入文化魅力；灵活借智，让红色标语利用成为各部门共识，营造共建共享的新格局。

案例推介

赣州市于都县禾丰、河生、土围 3 处红色标语维修保护后，于都县委县政府拟投资 300 万元打造红色标语示范区，目前禾丰镇红三军团二师五团团部旧址、河生红军标语旧址、土围红军标语旧址纳入乡村振兴发展规划，预计 2019 年 10 月前完工并对外开放；宽田乡瑞西县苏维埃政府旧址主动纳入乡村振兴发展规划，投资数百万完善基础

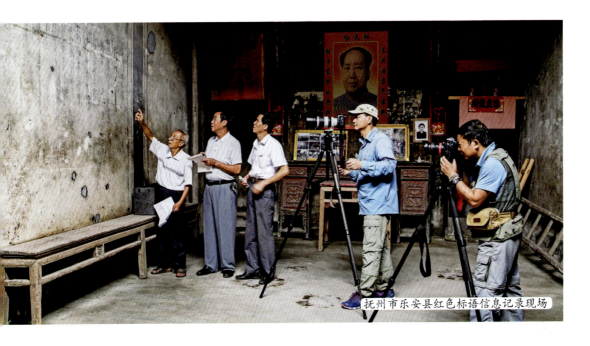

抚州市乐安县红色标语信息记录现场

设施，纳入乡村振兴生态农业、特色农业综合体。抚州市乐安县多渠道开发，确保利用成效，一是依托红色标语点打造旅游点，精心规划了重温毛泽东足迹"金竹——招携——县城"及重走红一方面军征程路"谷岗——县城——湖坪"两条红色标语精品旅游线路，年接待游客 10 万人次以上；二是依托红色标语打造爱国主义教育基地，挖掘红色标语内涵并将其列入爱国主义教育重要内容，乐安县博物馆、万崇镇池头村红色标语建筑等爱国主义教育点每年接待来参观的党员干部 3 万人次、青少年 2 万人次；三是依托红色文物点打造中国井冈山干部学院现场教学点，以实物、实景、实例、实事为载体，让学员穿越时空、触摸历史、感受震撼、启迪思考，实现"一个现场教学点就是一部活教材，一次现场教学课就是一次精神洗礼"。

下一步工作重点

经过两年多的实践，江西省红色标语保护利用取得了一些成绩，但面临的困难也不少。

首先是人员不足。江西省现存红色标语分布广、散、偏，大部分红色标语所在建筑文物保护级别较低，而基层文物普查和保护任务重，专业人员捉襟见肘，保护管理力度不够。

其次是技术不足。红色标语大多是红军用毛笔、石灰水、朱砂等材料书写于建筑砖墙、石灰板壁、木板上的，随着时间推移，极易出现附着物风化脱落或字迹模糊等现象，保护难度非常大。与其他类型的革命文物相比，红色标语的保护利用研究相对滞后，且主要集中在保护和利用的宏观对策方面，对标语保护具体技术研究较少，保护方法欠缺。国内对标语本体进行保护修复的项目少，可借鉴经验匮乏，缺乏保护修复的国家标准或行业标准。

第三是资金不足。江西省现存红色标语多、依附载体建筑多，并且建筑大多已残破，急需维修，但资金缺口很大，只能抢救性维修一部分。

2019 年 5 月 20 日，习近平总书记时隔三年之后再次来到江西，来到中央红军长征集结出发地——于都，在中央红军长征出发纪念馆外广场和群众强调："现在我们正走在开启建设社会主义现代化国家的新征程中，我们要继往开来再出发。"下一步，江西省将按照习近平总书记的要求和国家文物局的统一部署，总结梳理试点工作经验，在全省部署推开。争取"制定一个计划、搭建一个平台、编制一套标准、出版一批成果"，即编制江西省红色标语保护行动计划，争取国家和省内项目、资金与技术支持；建立江西省红军标语专题数据库和数字化保护展示平台；研究制定江西省红色标语普查登记的统一规范标准；加强资料整理研究，适时举办全国红色标语展览和论坛，力争在专项工作结束时能够形成红色标语图录、红军漫画集、红军标语研究等普查和研究成果。同时，摸清江西全省红色标语的形式、数量、类型和内容，因类施策，积极开展红色标语保护技术研究，以点带面，使江西省红色标语得到有效的保护、展示和利用。

上饶市铅山县石塘镇上饶集中营士兵大队旧址墙上的红色标语

经过近一年的努力，《创新与启示：赣南等原中央苏区革命文物保护利用实践》一书顺利付梓。

在本书的编写过程中，从编写思路到框架提纲，从文字整理到现场考察，国家文物局领导和相关部门给予了悉心指导和关心，也得到了江西省文旅厅的大力支持。由于本书内容涉及面广、案例众多，因此参与撰写的人员较多，主要撰稿人为王紫林、方春勇、龙小云、刘文强、刘佳、刘凯、刘诗中、刘宗华、苏卫军、陈小群、肖成林、邵剑飞、吴泉辉、金会林、罗敏、周登科、周燕、贺小边、钟文良、钟阳春、徐宗发、郭跃峰、郭勤、谢春勇、谢称英、谢路明、曾晨英、管冬梅。在此对他们的辛勤付出表示衷心感谢。

编　者